나만의 중국어 가이드북

현지에서 바로 통하는

여행
중국어회화

개정2판

KB127820

JPLUS

머리말

　해외여행이 국내 여행만큼이나 일상화되었습니다. 여행 목적 뿐 아니라 비즈니스나 현장학습을 이유로 떠나기도 합니다. 가까운 중국이나 일본은 주말을 이용하여 쉽게 다녀오는 인기 여행지가 되었습니다. 하지만 즐겨 찾는 나라인 반면, 간단한 의사 소통이 되지 않아서 자유여행을 꺼리는 사람이 많이 있습니다.

　이 책은 여행이나 출장 등 중국을 방문하는 중국어 초보자에게 필요한 기본 인사와 여행자가 겪을 수 있는 상황을 가정하고, 그 때 사용할 수 있는 질문과 대답을 담고 있습니다. 각 장에서는 관련되는 중국의 여행 정보가 팁으로 들어있습니다. 또한 음성 파일을 들으면서 중국어를 공부할 수 있도록 하였습니다. QR이 인쇄되어 있으므로 스마트폰으로 바로 확인하며 미리 듣고 공부한다면 여행 시에 큰 도움이 될 것입니다. 음원은 한국어 문장과 중국어 문장이 연이어 나오도록 배치하였기 때문에 교재 없이도 파일을 들으며 공부할 수 있습니다.

　마지막으로 분야별 단어를 부록으로 넣었습니다. 각 상황에서 쓰이는 단어가 가나다순으로 배치되어 있어서, 사전을 찾듯이 이용할 수 있습니다. 책보다 더 가까이에 두는 스마트기기가 있기 때문에 외국에 나갈 때 여행중국어 책은 필요하지 않다고 생각할 사람이 있을 텐데요. 해외에 나가서 폰을 잃어버리거나 파손되는 상황을 만난다면 그야말로 낭패가 아닐 수 없습니다. 이가 없으면 잇몸으로, 구글 번역기가 안될 때는 《현지에서 바로 통하는 여행 중국어 회화》로!

목차 contents

목차 contents

01

서바이벌

출발하기 전에 꼭 알아야 할 정보와
여행을 즐겁게 하는 말 한마디

1. 이 정도는 알고 가야죠?

1. 중국어란

중국어는 한어(汉语 Hànyǔ)라고 하고, 표준어는 보통화(普通话 pǔtōnghuà)라고 말합니다. 한어라고 하는 까닭은 중국 인구의 대부분을 차지하는 한족(汉族 Hànzú)이 사용하는 언어이기 때문입니다. 한족의 언어니까 한어! 한족들의 문자는 한자! 참, "나는 한자 실력이 탄탄하니까 중국인과의 소통은 문제없어"라고 생각하는 분이 있으신가요? 중국은 한자를 사용해요. 하지만, 원래의 모양에서 많이 바뀐 간체자를 사용하고 있고, 그마저도 원래의 발음과 많이 다르기 때문에 한자실력만 믿고 있다가는 소통에 어려움을 겪을 수 있습니다.

56개의 민족이 살고 있는 중국이니, 엄청난 크기의 국토만큼 다양한 사투리(방언)가 존재합니다. 북경어, 상해어, 광동어, 산동어 등이 그것인데 심지어는 중국인조차 알아듣지 못하는 경우가 있습니다. 하지만, 표준어인 보통화(普通话 pǔtōnghuà)를 사용하면 중국의 어느 곳에 가더라도 의사소통에 문제가 없습니다. TV나 라디오 및 공공장소나 학교에서는 모두 표준어를 쓰고 있기 때문이지요.

2. 중국어 발음법

❶ 발음 표기법

중국 대륙에서는 1958년 한자의 발음을 표시하는 '한어병음방안'을 제정, 공포하였습니다. 이에 따라 소수민족이나 외국인들도 뜻글자인 한자의 정확한 발음을 배울 수 있게 되었습니다. 한어병음은 로마자를 이용하여 한자의 발음을 표기한 것이기 때문에 영어와는 발음법이 다소 다를 수 있습니다. 그러므로 정확한 중국어 발음을 위해서는 한어병음을 정확히 읽을 줄 알아야 합니다.

❷ 성조란?

중국어의 모든 음절은 올리고 내리는 악센트가 있는데 그것을 "성조"라고 합니다. 그래서 중국어를 전혀 하지 못하는 외국인들의 귀에는 마치 노래하는 것과 같이 들리는 것입니다. 중국어에는 1, 2, 3, 4성의 4가지 성조가 있는데 발음이 같더라도 성조에 따라서 뜻이 완전히 달라지기 때문에 각각의 한자가 어떤 성조를 가졌는지 정확히 알아야 합니다.

제1성	높고 평탄하게 끝까지 이어줍니다.	mā 妈 (엄마)
제2성	단숨에 끌어올립니다.	má 麻 (삼베)
제3성	낮게 뚝 떨어트렸다 올립니다.	mǎ 马 (말)
제4성	강하게 내려 꽂습니다.	mà 骂 (욕하다)

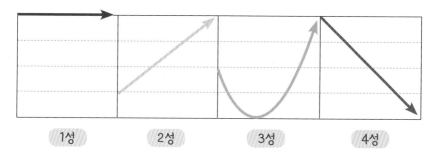

1성   2성   3성   4성

❸ 경성

중국어의 각 음절에는 하나의 고유한 성조가 있습니다. 그러나 경성은 그 자체에 높이가 있는 것이 아니라 앞 음절에 이어져 가볍게 살짝 발음합니다. 병음으로 표기할 때는 성조 부호를 붙이지 않습니다.

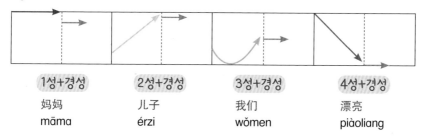

1성+경성	2성+경성	3성+경성	4성+경성
妈妈	儿子	我们	漂亮
māma	érzi	wǒmen	piàoliang

❹ 성모와 운모

1. 성모 : 자음

bo po mo fo	아랫입술을 윗입술에 붙였다 떼며 발음합니다. fo는 영어의 "f"처럼 윗니를 아랫입술에 얹고 공기를 내뱉으며 발음합니다.
de te ne le	혀끝을 입천장에 붙였다 떼면서 발음합니다.
ge ke he	혀뿌리로 목구멍을 막았다가 트면서 발음합니다.
ji qi xi	혀를 넓게 펴고 입을 옆으로 벌려 발음합니다.
zhi chi shi ri	혀끝을 말아 입천장에 닿을듯말듯하게 하고 그 사이로 공기를 내보내며 발음합니다.
zi ci si	혀끝을 윗니 뒤에 붙였다 떼면서 발음합니다.

※ 성조에 따라 발음이 약간 달라집니다.

	1·4성	2·3성
b	ㅃ	ㅂ
d	ㄸ	ㄷ
g	ㄲ	ㄱ

2. 운모 : 모음

단모음	발음 방법 및 주의사항	결합모음연습
a	입을 크게 벌리고 길게 '아'하고 발음합니다.	ai ao an ang
o	입을 둥글게 하고 '오'와 '어'의 중간음을 냅니다.	ou ong
e	입을 약간 벌리고 혀를 뒤로 하여 '으어'라고 발음합니다. * ei : 우리말의 '에이'처럼 발음하면 됩니다.	* ei en eng
i	입을 좌우로 당기고 길게 '이' 하고 발음합니다. * iu : 우리말의 '이요우'처럼 발음합니다. * ian : 우리말의 '이엔'처럼 발음합니다.	ia iao ie * iu * ian in iang ing iong
u	입술을 둥글게 오므리면서 앞으로 내밀며 '우'라고 발음합니다. * ui : 우리말의 '우웨이'처럼 발음합니다. * un : 우리말의 '우원'처럼 발음합니다.	ua uo uai * ui * uan un uang ueng
ü	입모양은 '우'로 하되, 실제로는 '위'라고 발음합니다. 입술 모양을 움직이면 안 됩니다. * üan : 우리말의 '위엔'과 비슷합니다.	üe ün * üan
기타	혀끝을 말아 '얼'이라고 발음하되 혀끝이 입천장에 닿지 않도록 해야 합니다.	er

2. 여행준비

⭐ 중국으로 여행갈 준비는 다 됐나요?

☑ 여행준비물 체크리스트 해외여행 필수품

☐ 여권·비자　　　　　　　☐ 항공권
☐ 인민폐　　　　　　　　　☐ 신용 카드
☐ 국제 학생증(학생의 경우)　☐ 비상 사진(여권용)
☐ 예비용 사전　　　　　　☐ 휴대폰 충전기
☐ 필기도구
☐ 가이드북·지도·회화집

중국은 노점에서도 위챗 페이, 알리페이 같은 모바일 결제가 활성화되어 있습니다. 매장의 계산대나 노점상인 옆에 판매자의 QR코드가 인쇄되어 있는데요. 판매자의 QR코드를 스캔한 후, 그 자리에서 송금을 하는 것인데요. 가짜 지폐로 인한 손실을 서로 피할 수 있어서 모바일 페이 결제를 선호한답니다.

☑ 안 가져갔다가 후회하는 물건들

☐ 면도기·치약·칫솔·손톱깎이·귀이개
☐ 알람시계·비닐봉지·자외선 차단 크림
☐ 셔츠·바지·속옷·양말
☐ 편한 신발·작은 손가방·우산
☐ 티슈·물티슈·손수건·반짇고리·상비약
☐ 텀블러

중국의 수돗물에는 석회성분이 많아서 그냥 마시면 배탈이 날 수도 있습니다. 호텔에서 매일 제공하는 생수를 챙겨다니거나 생수를 구입해서 마시는 것이 좋답니다. 냉장고에 들어있지 않고 테이블에 올려진 생수는 무료이며, 보통 하루에 1병 제공됩니다.

✦ 중국 각 지역의 날씨

❶ 베이징

중국의 수도 베이징의 기후는 대륙성으로 겨울에는 한랭건조하고, 여름에 고온다습하며, 봄과 가을이 짧은 편입니다. 1월 평균기온은 -5℃, 7월 평균기온 26℃, 연평균기온 11.9℃이고, 연강수량은 635mm. 무엇보다 조심해야 할 것은 미세먼지로, 여행기간 중 미세먼지에 대한 예보를 미리 살피고 준비를 잘 하는 것이 좋습니다.

❷ 상하이

상하이는 중국 제1의 대도시이며, 행정적으로는 성(省)과 동격인 중앙정부 직할시입니다. 기후는 온난하여 연평균기온은 15~16℃, 연평균강수량은 1,100~1,200mm.

❸ 광저우

광저우는 광동성의 성도(省都)이며, 연평균기온 21.8℃, 1월 평균기온 13.3℃, 7월 평균기온 28.4℃이며, 연평균강수량은 1,694mm.

❹ 하얼빈

하르빈(Harbin)이라는 만주족 발음을 중국어로 바꾼 지명입니다. 연평균기온이 3.6℃, 7월 평균기온은 28.4℃, 1월 평균기온은 -19.7℃, 연강수량은 554mm. 중국에서 추위로 유명한 도시입니다.

3. 중국은 어떤 나라?

1. 중국은

인구로는 세계 1위, 면적으로는 세계 4위 인 나라로, 수도는 베이징입니다. 인천공항 에서 비행기를 타면 2시간여 만에 베이징 수도공항에 도착할 정도로 가까운 나라입 니다. 중국의 지형은 크게 동서로 나뉘며, 동쪽에는 상하이, 광저우, 선전 등 경제특구 가 있어 경제가 크게 발달했고, 서쪽은 사막 과 고산지대로 둘러 싸여있습니다. 중국은 우리나라 남북한 전체 면적의 44 배, 한국의 96배에 달하는 면적을 가졌는데요. 세계 육지 면적의 1/15을 차지 하고 있고, 국경을 맞대고 있는 나라만도 12개국입니다.

2. 베이징은

베이징은 중화인민공화국의 수도이며 중국의 정치, 문화, 관광의 중심으로 도시 전체가 박물관이라 일컬어지는 3천년 역 사의 고도(古都)입니다. 중국사람들조차 도 베이징의 모든 유적지를 다 돌아보려 면 한 달이 걸린다고 말할 정도로 관광명 소가 많은 도시입니다. 대표적인 유적지로는 만리장성과 고궁(자금성), 이화 원, 천단 등이 있으며, 이 외에도 세계적으로 유명한 볼거리들이 무궁무진합 니다.

3. 교통

중국은 국토가 넓기는 하지만 대도시의 경우 인구 밀집도가 높기 때문에 한국 못지 않은 교통체증이 있습니다. 세계적으로 유명한 사통발달의 철도 노선이 발달되어 있고, 특히 2008년 개통한 고속철도는 도시 간 이동을 더욱 편리하게 해줍니  다. 시외버스, 고속버스 시스템이 체계적으로 잘 갖추어진 편입니다. 시내에서는 택시, 오토바이, 버스 이외에도 자전거를 많이 이용하고 베이징과 상하이에는 지하철이 있으며, 대도시의 출퇴근 시간 러시아워가 심각합니다.

4. 음식

"중국인들은 네 발 달린 것으로는 책상만 빼고, 나는 것들로는 비행기만 빼고, 물속에 사는 것들로는 배만 빼고 못 먹는 것이 없다"는 말이 생겨날 정도로 요리에 있어서 세계적인 명성을 가진 요리대국입니다. 노점에 파는 양꼬치에서 고급호텔  의 상어지느러미 요리까지 어느 하나 미식가의 입맛을 자극하지 않는 것이 없습니다. 상하이, 베이징, 광동, 사천의 4대 요리를 최고의 요리로 꼽습니다.

안녕하세요. 안녕? / 안녕하세요. (존칭)

你好! / 您好!
Nǐ hǎo! / Nín hǎo!
니하오! / 닌 하오!

안녕하세요. (아침)

早上好!
Zǎoshang hǎo!
짜오샹 하오!

안녕하세요. (저녁)

晚上好!
Wǎnshang hǎo!
완샹 하오!

안녕히 주무세요. (잠자기 전에)

晚安!
Wǎn'ān!
완안!

잘 지내십니까?

你过得怎么样?
Nǐ guòde zěnmeyàng?
니 꾸어더 쩐머양?

잘 지냅니다. / 아주 잘 지냅니다.

很好! / 非常好!
Hěn hǎo! / Fēicháng hǎo!
헌 하오! / 페이챵 하오!

만나뵙게 되어 반갑습니다. (처음 만났을 때)

见到你，很高兴。
Jiàndào nǐ, hěn gāoxìng.
지엔따오 니, 헌 까오싱

(만나뵙게 되어) 저도 기쁩니다.

见到你，我也很高兴。
Jiàndào nǐ, wǒ yě hěn gāoxìng.
지엔따오 니, 워 예 헌 까오싱

잘 부탁합니다.

请多指教。
Qǐng duō zhǐjiào.
칭 뚜어 즈지아오

안녕! / 안녕히 가세요. (헤어질 때)

再见!
Zàijiàn!
짜이 지엔!

내일 봅시다!

明天见!
Míngtiān jiàn!
밍티엔 지엔!

살펴 가세요.

慢走!
Màn zǒu!
만 쩌우!

17

실례지만… (부탁을 할 때)

麻烦你…
Máfan nǐ …
마판 니…

누구 계세요?

有人在吗?
Yǒu rén zài ma?
여우 런 짜이 마?

여기요! (식당이나 상점에서 직원을 부를 때)

服务员!
Fúwùyuán!
푸우위엔!

잠깐 좀 여쭤보겠는데요.

请问!
Qǐngwèn!
칭원!

请问!

잠깐만요.

请等一下!
Qǐng děng yíxià!
칭 덩 이시아!

잠시만 기다리세요.

请稍等。
Qǐng shāo děng.
칭 샤오 덩

서바이벌

미안해요.

对不起。
Duì bu qǐ.
뚜이 부 치

죄송합니다. (겸연쩍을 때)

不好意思。
Bù hǎo yìsi.
뿌 하오 이쓰

괜찮아요.

没关系。
Méi guānxi.
메이 꾸안시

고맙습니다.

谢谢你。
Xièxie nǐ.
씨에시에 니

정말 감사합니다.

非常感谢!
Fēicháng gǎnxiè!
페이챵 깐씨에!

천만해요.

不要客气!
Bú yào kèqi!
뿌 야오 커치!

🎧 MP3 01-7

■ 어서 오십시오.

欢迎光临!
Huānyíng guānglín!
환잉 꽝린!

이건 / 저건 뭐예요?

这 / 那是什么?
Zhè / Nà shì shénme?
쩌 / 나 스 션머?

얼마예요?

多少钱?
Duōshao qián?
뚜어샤오 치엔?

싸게 해 주세요.

便宜一点儿吧。
Piányi yìdiǎnr ba.
피엔이 이디알 바

좀 보여 주세요.

请给我看看。
Qǐng gěi wǒ kànkan.
칭 게이 워 칸칸

이거 주세요.

我要这个。
Wǒ yào zhège.
워 야오 쩌거

请给我看看。

여기가 어디예요?

这是什么地方？
Zhè shì shénme dìfang?

쩌 스 션머 띠팡?

베이징대학은 어떻게 가면 되죠?

去北京大学怎么走？
Qù Běijīng dàxué zěnme zǒu?

취 베이징 따쉬에 쩐머 쩌우?

인민대회당은 어디에 있어요?

人民大会堂在什么地方？
Rénmíndàhuìtáng zài shénme dìfang?

런민따후이탕 짜이 션머 띠팡?

여기서 멉니까?

离这儿远吗？
Lízhèr yuǎn ma?

리쩌얼 위엔 마?

그다지 멀지 않습니다.

不太远。
Bútài yuǎn.

뿌 타이 위엔

죄송하지만, 저도 잘 모릅니다.

对不起，我也不太清楚。
Duìbuqǐ, wǒ yě bútài qīngchu.

뚜이 부 치, 워 예 부 타이 칭츄

누구세요?

你是谁呀?
Nǐ shì shéi ya?
니 스 쉐이 야?

몇 개예요?

几个?
Jǐ ge?
지 거?

연세가 어떻게 되십니까?

您多大年纪了?
Nín duōdà niánjì le?
닌 뚜어따 니엔지 러?

나이가 몇입니까? (연령대가 자신과 비슷한 사람에게)

你多大了?
Nǐ duōdà le?
니 뚜어따 러?

어디 살아요?

你住在哪儿?
Nǐ zhù zài nǎr?
니 쭈 짜이 날?

你是哪国人?

어느 나라에서 오셨어요?

你是哪国人?
Nǐ shì nǎ guó rén?
니 스 나 구어 런?

이름이 어떻게 되세요?

你叫什么名字?
Nǐ jiào shénme míngzi?
니 지아오 션머 밍쯔?

언제요?

什么时候?
Shénme shíhou?
션머 스허우?

왜요?

为什么?
Wèi shénme?
웨이 션머?

지금 몇 시예요?

现在几点了?
Xiànzài jǐ diǎn le?
시엔짜이 지 디엔 러?

가능합니까?

这可以吗?
Zhè kěyǐ ma?
쩌 커이 마?

한국말 아세요?

你会说韩国语吗?
Nǐ huì shuō Hánguóyǔ ma?
니 후에이 슈어 한구어위 마?

23

부탁드립니다.

拜托!
Bàituō!
빠이 투어!

질문이 있는데요.

我有一个问题。
Wǒ yǒu yíge wèntí.
워 요우 이거 원티

좋아요.

好!
Hǎo!
하오!

마음대로 하십시오.

随便吧。
Suíbiàn ba.
쑤이비엔 바

전 상관없습니다.

无所谓。
Wúsuǒwèi.
우쑤어웨이

알겠습니다.

知道了。
Zhīdào le.
즈따오 러

저도 잘 몰라요.

我也不知道。
Wǒ yě bù zhīdào.
워 예 뿌 즈따오

对不起，这不行。

죄송합니다. 그건 안 되겠는데요.

对不起，这不行。
Duìbuqǐ, zhè bù xíng.
뚜이 부 치, 쩌 뿌 싱

안돼요.

不行。
Bù xíng.
뿌 싱

지금 좀 바빠서요.

现在没有时间。
Xiànzài méiyǒu shíjiān.
시엔짜이 메이요우 스지엔

할 수 없네요.

那就没办法了。
Nà jiù méi bànfǎ le.
나 지우 메이 빤파 러

됐어요. (거절)

不要了。
Bú yào le.
뿌 야오 러

25

네. / 아니오.

是。 / 不是。
Shì. / Búshì.
스 / 부스

네, 맞아요.

对。
Duì.
뚜이

아뇨, 그렇지 않아요.

不对。
Bú duì.
부 뚜이

좋아요.

好!
Hǎo!
하오!

싫어요.

不要。
Bú yào.
부 야오

LEARN HOW TO SAY "NO"

잘 모르겠습니다. 이해가 가지 않습니다.

我(听)不懂。
Wǒ (tīng) bù dǒng.
워 (팅) 부 동

02

기내에서

설레는 마음으로 비행기를 타셨나요?
이제 실전으로 들어가는거죠!

■ 좌석표를 보여 주시겠습니까?

请看一下您的登机牌。
Qǐng kàn yíxià nínde dēngjīpái.
칭 칸 이시아 닌 더 떵지파이

짐은 어디에 놓아야 합니까?

请问, 行李放在哪儿?
Qǐngwèn, xíngli fàng zài nǎr?
칭원, 싱리 팡 짜이 날?

제 자리는 어디입니까?

我的座位在哪儿?
Wǒ de zuòwèi zài nǎr?
워 더 쭈어웨이 짜이 날?

일행인데 자리 좀 바꿔주세요.

我们是一起的, 请换一下座位。
Wǒmen shì yìqǐde, qǐng huàn yíxià zuòwèi.
워먼 스 이치더, 칭 환 이시아 쭈어웨이

여긴 제 자리인데요.

这是我的座位。
Zhè shì wǒde zuòwèi.
쩌 스 워더 쭈어웨이

좀 지나가게 해 주세요.

请让一下。
Qǐng ràng yíxià.
칭 랑 이시아

곧 이륙하겠습니다.
马上要起飞。
마샹 야오 치페

구명조끼	救生衣	jiùshēngyī	지우성이
비즈니스 클래스	商务舱	shāngwùcāng	샹우창
이코노미 클래스	经济舱	jīngjìcāng	징지창
승객	乘客	chéngkè	청커
스튜어디스	空姐	kōngjiě	콩지에
	空中小姐	kōngzhōng xiǎojiě	콩쫑 시아오지에
기장	机长	jīzhǎng	지쨩
안전벨트	安全带	ānquándài	안 취엔따이
산소마스크	氧气罩	yǎngqìzhào	양치쨔오
화장실	卫生间	wèishēngjiān	웨이성지엔
비상구	紧急出口	jǐnjí chūkǒu	진지 츄커우
금연	请勿吸烟	qǐng wù xī yān	칭 우 시옌
현지시각	当地时间	dāng dì shí jiān	땅띠 스지엔
밀다	推	tuī	투이
당기다	拉	lā	라
위생봉투	清洁袋	qīngjiédài	칭지에따이
	卫生袋	wèishēngdài	웨이성따이

■ 음료는 어떤 걸로 하시겠습니까?

您要喝什么饮料?
Nín yào hē shénme yǐnliào?

닌 야오 허 션머 인랴오?

커피 / 주스 / 생수(물) 주세요.

我要咖啡 / 果汁儿 / 矿泉水。
Wǒ yào kāfēi / guǒzhīr / kuàngquánshuǐ

워 야오 카페이 / 궈쩔 / 쾅취엔쉐이

아뇨, 됐어요.

不要了。
Bú yào le.

부 야오 러

한 잔 더 주세요.

请再来一杯。
Qǐng zài lái yìbēi.

칭 짜이 라이 이뻬이

■ 치킨과 쇠고기 스테이크 두 가지가 있습니다.

有鸡肉和牛排两种。
Yǒu jīròu hé niúpái liǎngzhǒng.

여우 지러우 허 니우파이 량종

치킨으로 주세요.

请来一份鸡肉。
Qǐng lái yífèn jīròu.

칭 라이 이펀 지러우

3. 기내시설 이용하기

이어폰 / 모포 좀 갖다 주세요.

请给我耳机 / 毛毯。
Qǐng gěi wǒ ěrjī / máotǎn.

칭 게이 워 얼지 / 마오탄

기내에서

지금 베이징은 몇 시입니까?

现在北京是几点?
Xiànzài Běijīng shì jǐ diǎn?

시엔짜이 베이징 스 지 디엔?

■ 벨트를 매 주세요.

请系好安全带。
Qǐng jì hǎo ānquándài.

칭 지 하오 안취엔따이

좌석을 어떻게 젖힙니까?

这个椅背怎么放倒?
Zhège yǐbèi zěnme fàngdǎo?

쩌거 이뻬이 쩐머 팡 다오?

신문 있어요?

请问, 有报纸吗?
Qǐng wèn, yǒu bàozhǐ ma?

칭원, 여우 빠오즈 마?

화장실 가도 돼요?

可不可以去卫生间?
Kě bu kěyǐ qù wèishēngjiān?

커 부 커이 취 웨이셩지엔?

31

■ 입국카드 필요하신 분? (입국카드 필요하세요?)

需要入境卡吗？
Xūyào rùjìngkǎ ma?
쉬야오 루징카 마?

한 장 주세요.

拿一张吧。
Ná yì zhāng ba.
나 이장 바

면세품 지금 살 수 있어요?

现在能买免税品吗？
Xiànzài néng mǎi miǎnshuìpǐn ma?
시엔짜이 넝 마이 미엔슈이핀 마?

면세쇼핑목록 좀 보여 주세요.

请给我看一下免税商品的目录。
Qǐng gěi wǒ kàn yíxià miǎnshuì shāngpǐn de mùlù.
칭 게이 워 칸 이시아 미엔슈이 샹핀 더 무루

이걸로 하나 주세요.

我要这一个。
Wǒ yào zhè yíge.
워 야오 쩌 이거

카드도 돼요?

可以用信用卡吗？
Kěyǐ yòng xìnyòngkǎ ma?
커이 용 신용카 마?

■ 선생님 / 아가씨 왜 그러세요?

先生 / 小姐, 怎么了?
Xiānsheng / Xiǎojiě, zěnme le?

시엔셩 / 시아오지에, 쩐머 러?

몸이 좀 이상해요. 안 좋아요.

我身体不舒服。
Wǒ shēnti bù shūfu.

워 션티 뿌 슈푸

멀미하는 것 같아요. 약 좀 주세요.

我好像晕机, 请给我药。
Wǒ hǎoxiàng yùnjī, qǐng gěi wǒ yào.

워 하오시앙 윈지, 칭 게이 워 야오

추워요. 모포 좀 주세요.

我很冷。请给我毛毯。
Wǒ hěn lěng. Qǐng gěi wǒ máotǎn.

워 헌 렁. 칭 게이 워 마오탄

생수 한 잔만 좀 주세요.

请来一杯矿泉水吧。
Qǐng lái yìbēi kuàngquánshuǐ ba.

칭 라이 이뻬이 쾅취엔슈이 바

날씨로 인하여 1시간 연착입니다.

因为天气的关系, 晚点1小时。
Yīnwèi tiānqì de guānxi, wǎndiǎn yì xiǎoshí.

인웨이 티엔치 더 꾸안시, 완디엔 이 시아오스

☆ 입국카드 작성법

입국카드 작성법과 출입국신고서, 작성법

ENTRY CARD — FOR FOREIGN TRAVELLERS

PLEASE COMPLETE IN ENGLISH. FILL IN WITH ✓

Family Name	KIM
Given Names	MIRAN
Passport No.	JL9803915
Visa No.	
Place of Visa Issuance	
Flight No. Ship Name Train No.	CA 126
From	INCHON
Intended Address in China	中国北京海淀区北蜂窝6号

Date of Birth: YEAR MONTH DAY 19791225

Male ☐ Female ✓

Nationality KOREA

Your Main Reason for Coming to China (one only)

Convention / Conference ☐   Business ☐
Employment ✓   Settle down ☐
Visiting friends or relatives ☐
Outing /in leisure ☐   Study ☐
Return home ☐   Others ☐

OFFICIAL USE ONLY

证件种类   签证种类

I declare the information I have given is true, correct and complete. I understand incorrect or untrue answer to any questions may have serious consequences.

SIGNATURE

Date of Entry: YEAR MONTH DAY 20040110

出入境管理局 公安部 监制

DEPARTURE CARD — FOR FOREIGN TRAVELLERS

PLEASE COMPLETE IN ENGLISH. FILL IN WITH ✓

Family Name	KIM
Given Names	MIRAN
Passport No.	JL9803915
Nationality	KOREA
Flight No. Ship Name Train No.	CA 125
Destination	INCHON
Address in China	中国北京海淀区北蜂窝6号

Date of Birth: YEAR MONTH DAY 19791225

Male ☐ Female ✓

Your Main Reason for Departure from China (one only)

Convention / Conference ☐   Business ☐
Employment ✓   Settle down ☐
Visiting friends or relatives ☐
Outing /in leisure ☐   Study ☐
Return home ☐   Others ☐

OFFICIAL USE ONLY

证件种类

I declare the information I have given is true, correct and complete. I understand incorrect or untrue answer to any questions may have serious consequences.

SIGNATURE

Date of Departure: YEAR MONTH DAY 20040118

出入境管理局 公安部 监制

03

공항에서

내국인과 외국인 줄이 다르니까 확인하시고요.
여권이라는 뜻의 "후쨔오"를 기억하세요.
참, 미열이 있으면 입국심사 후 체온감지기에서 걸릴 수가 있습니다.

1. 입국심사

🎧 MP3 03-1

여권을 보여 주세요.

请出示您的护照。
Qǐng chūshì nín de hùzhào.
칭 츄스 닌 더 후짜오

请出示您的护照。

■ 여행목적은 무엇입니까?

访问目的是什么?
Fǎngwèn mùdì shì shénme?
팡원 무띠 스 션머?

관광 / 출장 / 유학입니다.

是旅游 / 出差 / 留学。
shì lǚyóu / chūchāi / liúxué.
스 뤼여우 / 츄차이 / 리우쉬에

얼마나 체류합니까?

您要停留多长时间?
Nín yào tíngliú duōcháng shíjiān?
닌 야오 팅리우 뚜어창 스지엔?

머무시는 곳은?

您要住哪儿?
Nín yào zhù nǎr?
닌 야오 쭈 날?

베이징호텔입니다.

是北京饭店。
Shì Běijīng fàndiàn.
스 베이징 판디엔

입국심사	入境检查	rùjìng jiǎnchá	루징 지엔챠
입국카드	入境卡	rùjìngkǎ	루징카
중국인	中国人	Zhōngguórén	쫑궈런
외국인	外国人	wàiguórén	와이궈런
여권	护照	hùzhào	후쨔오
비자	签证	qiānzhèng	치엔쩡
수화물	行李	xíngli	싱리
유학	留学	liúxué	리우쉬에
기숙사	宿舍	sùshè	쑤셔
관광	旅游，观光	lǚyóu, guānguāng	뤼여우, 꾸안꾸앙
사진	照片	zhàopiàn	쨔오피엔
귀국항공권	返程机票	fǎnchéng jīpiào	판청 지피아오
호텔	饭店	fàndiàn	판디엔

Tip 입국심사와 검역

입국심사 표지를 따라가서 입국심사를 받으면 되는데, 외국인은 외국인 표지 앞에서 줄을 선다. 입국 수속은 대부분 입국심사장에서 심사원에게 여권과 입국신고서를 제시하는 것으로 끝난다.

특별한 이상이 있지 않는 한 검역없이 통과하나, 열화상 카메라에서 체온이 높게 나타날 경우 따로 불러내 체온을 재기도 한다.

짐은 어디서 찾죠?

行李在哪儿领？
Xíngli zàinǎr lǐng?

싱리 짜이날 링?

가방을 찾을 수가 없어요.

我找不到行李。
Wǒ zhǎo budào xíngli.

워 쨔오 부따오 싱리

■ 어떤 가방이죠?

是什么样的行李呢？
Shì shénmeyàng de xíngli ne?

스 선머양 더 싱리 너?

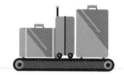

파란색 보통 여행 가방입니다.

是一个很一般的蓝色提包。
Shì yíge hěn yìbānde lánsè tíbāo.

스 이거 헌 이빤 더 란써 티빠오

짐이 모두 나왔습니까?

行李全出来了吗？
Xíngli quán chūlái le ma?

싱리 취엔 츄라이 러 마?

■ 아니오, 좀 더 기다려 주십시오. 제가 가 보겠습니다.

没有，请稍等。我去看看。
Méiyǒu, qǐng shāo děng. Wǒ qù kànkan.

메이여우, 칭 샤오 덩. 워 취 칸칸

■ 신고하실 물건이 있으십니까?

有没有要申报的东西?
Yǒu méiyǒu yào shēnbào de dōngxi?

여우 메이여우 야오 션빠오 더 똥시?

■ 술이나 담배는 없습니까?

有酒和香烟吗?
Yǒu jiǔ hé xiāngyān ma?

여우 지우 허 시앙옌 마?

없습니다.

没有。
Méiyǒu.

메이여우

■ 가방에는 무엇이 들어 있습니까?

行李里面有什么东西?
Xíngli lǐmiàn yǒu shénme dōngxi?

싱리 리미엔 여우 션머 똥시?

선물하고 책들입니다.

一些礼物和书籍。
Yìxiē lǐwù hé shūjí.

이시에 리우 허 슈지

■ 실례지만, 열어서 보여주십시오.

麻烦你, 请您打开。
Máfan nǐ, qǐng nín dǎkāi.

마판 니, 칭 닌 다카이

공항에서

🎧 MP3 03-4

왕푸징까지 어떻게 가면 됩니까?

到王府井怎么走?
Dào Wángfǔjǐng zěnme zǒu?

따오 왕푸징 쩐머 쩌우?

지하철 / 공항 리무진은 어디서 탑니까?

地铁 / 民航班车在哪儿坐?
Dìtiě / mínháng bānchē zàinǎr zuò?

띠티에 / 민항 빤쳐 짜이날 쭈어?

어디에서 내리면 됩니까?

请问, 要在哪儿下车?
Qǐngwèn, yào zàinǎr xiàchē?

칭원, 야오 짜이날 시아쳐?

표는 어디서 삽니까?

请问, 在哪儿买票?
Qǐngwèn, zàinǎr mǎi piào?

칭원, 짜이날 마이 피아오?

Tip 공항에서 시내로 가는 방법

택시를 탈 때는 미리 가격을 흥정하거나, 미터기대로 계산하면 된다. 요금 바가지를 쓸 염려가 있으니, 승강장에서 줄서서 타는 걸 추천한다. 단, 가격에 고속도로 통행료(10-15위안)가 포함되는지 미리 상의하는 것이 좋다. 요금은 약 100위안에서 150위안 정도로 생각하면 된다. 교통체증이 심한 시간이거나 심야 할증이 있으면 요금이 더 나올 수도 있다. 택시 외에도 공항 리무진을 이용할 수 있다. 요금이 정해져 있고 탑승이 편리하기 때문에 많은 사람들이 리무진을 이용한다.

공항에서

왕푸징을 가려면 몇 번 출구로 나가야 합니까?

到王府井，要走几号出口？
Dào Wángfǔjǐng, yào zǒu jǐhào chūkǒu?
따오 왕푸징, 야오 쩌우 지하오 츄커우?

버스 안에서 표를 살 수 있습니까?

可以上车买票吗？
Kěyǐ shàngchē mǎi piào ma?
커이 샹처 마이 피아오 마?

■ 네, 그렇습니다.

是，可以上车买票。
Shì, kěyǐ shàngchē mǎi piào.
스, 커이 샹처 마이 피아오

■ 매 10분마다 출발합니다.

每十分钟出发。
Měi shífēnzhōng chūfā.
메이 스펀쫑 츄파

공항버스는 왕푸징을 경유합니까?

民航班车经过王府井吗？
Mínháng bānchē jīngguò Wángfǔjǐng ma?
민항 빤처 징꾸어 왕푸징 마?

짐을 잠시 맡길 곳이 있습니까?

这里有没有可以寄存行李的地方？
Zhèlǐ yǒu méiyǒu kěyǐ jìcún xíngli de dìfang?
쩌리 여우 메이여우 커이 지춘 싱리 더 띠팡?

41

04

이동하기

출퇴근 시간을 피해서 대중교통을 이용해보는 것도 좋습니다.
버스노선을 검색하기위한 "바이두 지도 Baidu map"은 필수입니다.
바이두 영어 앱도 있으니 참고하세요.

지하철은 어디에서 탑니까?

请问，在哪儿坐地铁？
Qǐngwèn, zài nǎr zuò dìtiě.
칭원, 짜이 날 쭈어 띠티에?

왕푸징까지 얼마입니까?

到王府井多少钱？
Dào Wángfǔjǐng duōshao qián?
따오 왕푸징 뚜어샤오 치엔?

얼마나 걸려요?

要走多长时间？
Yào zǒu duōcháng shíjiān?
야오 쩌우 뚜어창 스지엔?

갈아타야 합니까?

要换车吗？
Yào huàn chē ma?
야오 후안 처 마?

왕푸징 / 고궁에 가려면 이쪽에서 타는 게 맞습니까?

到王府井/故宫是在这儿坐车吗？
Dào Wángfǔjǐng / Gùgōng shì zài zhèr zuò chē ma?
따오 왕푸징 / 꾸꽁 스 짜이 쩌얼 쭈어 처 마?

아닙니다. 반대편에서 타셔야 합니다.

不是，应该在对面坐车。
Búshì, yīnggāi zài duìmiàn zuò chē.
부 스, 잉까이 짜이 뚜이미엔 쭈어 처

이화원에 가는데 몇 호선을 타면 좋습니까?

到颐和园坐几号线好呢?
Dào Yíhéyuán zuò jǐ hào xiàn hǎo ne?

따오 이허위엔 쭈어 지 하오 시엔 하오 너?

■ 1호선이 좋습니다.

最好坐1号线。
Zuì hǎo zuò yī hào xiàn.

쭈이 하오 쭈어 이 하오 시엔

이 동 하 기

내려야 합니다. 비켜 주세요.

我要下车, 请让一让。
Wǒ yào xià chē, qǐng ràng yí ràng.

워 야오 시아 쳐, 칭 랑 이 랑

颐和园
王府井
地铁

■ 도착하면 알려 주십시오.

到站请告诉我。
Dào zhàn qǐng gàosu wǒ.

따오 짠 칭 까오쑤 워

표(승차권)	车票	chēpiào	쳐피아오
오른쪽/왼쪽	右边/左边	yòubiān/zuǒbiān	요우비엔/쭈어비엔
매표소	售票处	shòupiàochù	쇼우 피아오 츄
다음역	下一站	xià yí zhàn	시아 이 짠
다음 다음역	下下一站	xià xià yí zhàn	시아 시아 이 짠
1/2/3/4호선	一/二/三/四号线	yī/èr/sān/sì hào xiàn	이/얼/싼/쓰 하오 시엔

중국의 지하철

베이징 지하철 노선도입니다.

· 치엔먼짠 **前门站** Qiánménzhàn

··· 마오쩌둥 기념관(**毛主席纪念堂**) Máozhǔxí jìniàntáng

마오쩌뚱의 유해와 그 생전의 물건들을 볼 수 있다. 개장시간은 08:00-11:30, 14:00-16:00이다. 소지품은 안으로 들고 들어갈 수 없으며, 관람객들이 많아서 기다려야 할 때가 많으므로 일찍 가는 게 좋다.

··· 췐쮜더 **全聚得** Quánjǔdé

베이징에 있는 오리구이 전문점으로 오랜 역사를 자랑하는 곳으로 곳곳에 분점이 있다. 꼭 먹어보아야 할 베이징 요리 중 하나이다.

··· 통런탕 **同仁堂** Tóngréntáng

우황청심환 등 중국 최고급의 약재를 판매하는 중국 한약재 백화점.

· 티엔안먼짠 **天安门站** Tiān'ānménzhàn

··· 천안문광장 **天安门广场** Tiān'ānmén guǎngchǎng

역에서 바로 천안문광장이 보이며 천안문은 고궁의 대문이므로 안으로 들어가면 바로 고궁이다. 고궁은 베이징의 정중심에 있는데, 왼쪽으로 가면 시딴이 나오고 오른쪽으로 가면 왕푸징이 나온다. 고궁 가까이에는 중산공원, 북해공원, 경산공원 등이 있다.

▶중국의 지하철

베이징에는 현재 직선코스인 1호선, 순환선인 2호선 등 현재 18개 노선이 운행중이며. 요금이 2-3위안이다. 바이두맵(Baidu Map) 어플을 다운받아서 사용하면 편리하다.

▶중국의 러시아워

중국은 세계제일의 인구대국이다. 따라서 출퇴근 시간의 복잡함이야말로 우리의 상상을 초월한다.

택시, 오토바이, 자전거, 버스 등이 한데 어우러져 다니므로 구간만 잘 파악하고 있다면 지하철을 이용하는 것이 훨씬 더 신속하고 편리하다.

몇 번 버스를 타야 합니까?

要坐几路车?
Yào zuò jǐ lù chē?

야오 쭈어 지 루 쳐?

■ 17번 버스를 타야 합니다.

要坐17路公共汽车。
Yào zuò shí qī lù gōnggòngqìchē.

야오 쭈어 스치 루 꽁꽁치쳐?

버스정류장은 어디죠?

公共汽车站在哪儿?
Gōnggòngqìchēzhàn zài nǎr?

꽁꽁치쳐짠 짜이 날?

(버스기사에게) 왕푸징 베이징 호텔에 갑니까?

去王府井北京饭店吗?
Qù Wángfǔjǐng Běijīng fàndiàn ma?

취 왕푸징 베이징 판디엔 마?

■ 어디서 타셨는데요?

你是在哪儿上车的?
Nǐ shì zài nǎr shàngchē de?

니 스 짜이 날 상쳐 더

두 정거장 전에서요.

前两站。
Qián liǎng zhàn.

치엔 량 짠

48

☆ 버스의 종류

버스 정류소	公共汽车站	gōnggòngqìchēzhàn 꽁꽁치쳐짠
장거리버스터미널	长途汽车站	chángtúqìchēzhàn 챵투치쳐짠
장거리버스	长途汽车	chángtúqìchē 챵투치쳐
국영 / 민영터미널	国营 / 民营汽车站	guóyíng / mínyíng qìchēzhàn 꿔잉 / 민잉 치쳐짠
공항버스	民航班车	mínhángbānchē 민항빤쳐
미니버스	小公共汽车	xiǎo gōnggòngqìchē 시아오 꽁꽁치쳐
2층버스	双层汽车	shuāngcéng qìchē 슈앙 청 치쳐

Tip 중국에서 버스 타기

중국의 버스체계는 대부분 한국과 비슷한데 아직 안내양이 있는 버스가 많다.
안내양이 있는 버스는 안내양에게 내릴 정거장 이름을 말하면 알아서 요금을
계산해주고 친절히 거스름돈을 거슬러준다. 그러나 2층 버스를 비롯한 대형버
스는 입구에 요금함이 있고 타면서 바로 요금을 내야 하고 거스름돈을 거슬러
주지 않는다.

808번 시내버스

808번 버스는 베이징 시내버스 노선 중 하나로, 관광객들이 즐겨찾는 이화원,
베이징대학, 중관촌, 베이징동물원 등을 관광할 수 있다. 이 외 베이징 관광버
스 (北京城市观光线)가 있는데, 세계문화유산 투어코스와 시내노선버스로
나눠져 있다.

🎧 MP3 04-3

택시!

出租车!
Chūzūchē!
츄쭈처!

■ 어서오세요. 어디까지 가십니까?

欢迎光临。您去哪儿?
Huānyíng guānglín. Nín qù nǎr?
후안잉 꽝린 닌 취 날?

지하철역까지 가주세요.

到地铁站。
Dào dìtiězhàn.
따오 띠티에짠

저기서 세워 주세요.

请在那儿停一下。
Qǐng zài nàr tíng yíxià.
칭 짜이 날 팅 이시아

죄송하지만, 좀 서둘러 주세요.

真对不起, 快一点儿。
Zhēn duìbuqǐ, kuài yìdiǎnr.
쩐 뚜이 부 치, 콰이 이 디알

트렁크 좀 열어 주세요.

麻烦你, 请打开后备箱。
Máfan nǐ, qǐng dǎkāi hòubèixiāng.
마판 니, 칭 따카이 허우뻬이시앙

☆ 택시 관련 용어

기본요금	起步价	qǐbùjià	치뿌지아
승합택시	面的	miàndì	미엔띠
거스름돈	零钱	língqián	링치엔
영수증	发票	fāpiào	파피아오
빈차	空车	kōngchē	콩처
운전기사	司机	sījī	쓰지
~까지 가주세요	请到~	qǐng dào~	칭 따오~
신호등	红绿灯	hónglǜdēng	홍뤼떵
좌회전	坐拐	zuǒguǎi	쭈어꽈이
우회전	右拐	yòuguǎi	요우꽈이
직진	直走	zhīzǒu	즈쩌우
도로의 진입구	路口	lùkǒu	루커우
사거리	十字路口	shízìlùkǒu	스쯔 루커우

이동하기

Tip 합승은 금물!

중국의 택시는 합승을 안하고 밤에는 조수석에 탈 수 없도록 규정되어 있다.
중국 택시는 위챗페이나 카드 결제가 대중화되어 있다. 위조지폐로 거스름돈
을 받지 않도록 잘 확인하도록 한다. 택시는 요금에 따라 여러 종류가 있고 우
리가 봉고차라고 부르는 승합택시도 있어 큰 짐을 들고 타기에 매우 적합하다.
택시의 양 옆 그리고 뒷 면의 유리에는 미터당 택시 요금이 표시되어 있으므
로 원하는 가격의 택시를 골라서 타면 된다. 승차할 때는 미터기를 켜는지 확
인하고, 요금을 지불할 때는 영수증을 받는다.

실례지만, 이 주소는 어떻게 찾습니까?

请问，这个地址怎么找？

Qǐngwèn, zhège dìzhǐ zěnme zhǎo?

칭원, 쩌거 띠즈 쩐머 쟈오?

베이징 시내 지도 한 장 주세요.

请给我一张北京市内地图。

Qǐng gěi wǒ yìzhāng Běijīng shìnèi dìtú.

칭 게이 워 이쨩 베이징 스네이 띠투

(지도를 보여주며) 여기가 어디입니까?

这是什么地方？

Zhè shì shénme dìfang?

쩌 스 션머 띠팡?

(지도를 보여주며) 여기를 가려고 하는데요.

我要去这个地方。

Wǒ yào qù zhège dìfang.

워 야오 취 쩌거 띠팡

실례지만, 한국 대사관은 어떻게 갑니까?

请问，到韩国大使馆怎么走？

Qǐngwèn, dào Hánguó dàshǐguǎn zěnme zǒu?

칭 원, 따오 한궈 따스관 쩐머 쩌우

■ 앞으로 가시다가 사거리에서 왼쪽으로 꺾으세요.

往前走，到十字路口往左拐。

Wǎngqián zǒu, dào shízìlùkǒu wǎngzuǒ guǎi.

왕치엔 쩌우, 따오 스쯔루커우 왕쭈어 과이

여기서 멉니까?

离这儿远不远?
Lí zhèr yuǎn bu yuǎn?

리 쩌얼 위엔 뿌 위엔?

■ 멀지 않습니다. 걸어서 5분이면 됩니다.

不远, 走五分钟就到了。
Bù yuǎn, zǒu wǔ fēnzhōng jiù dào le.

뿌 위엔, 쩌우 우 펀쫑 지우 따오 러

차를 타고 가야 합니까?

要坐车吗?
Yào zuòchē ma?

야오 쭈어처 마?

■ 112번이나 45번 버스를 타시면 됩니다.

你要坐112路或45路公共汽车。
Nǐ yào zuò yāoyāo'èr lù huò sìshíwǔ lù gōnggòngqìchē.

니 야오 쭈어 야오야오얼 루 후어 쓰스우 루 꽁꽁치처

차를 갈아타야 합니까?

我要换车吗?
Wǒ yào huànchē ma?

워 야오 후안처 마?

지하철로도 갈 수 있습니까?

坐地铁也能到吗?
Zuò dìtiě yě néng dào ma?

쭈어 띠티에 예 넝 따오 마?

자전거를 한 대 빌리고 싶습니다.

我要组自行车。
Wǒ yào zū zìxíngchē.
워 야오 쭈 쯔싱쳐

하루에 얼마입니까?

一天多少钱?
Yìtiān duōshao qián.
이티엔 뚜어샤오 치엔

■ 한 시간에 5원입니다.

一小时五块。
Yì xiǎoshí wǔ kuài.
이 시아오스 우 콰이

보증금을 내야 합니까?

要交押金吗?
Yào jiāo yājīn ma?
야오 지아오 야진 마?

몇 시까지 반납해야 합니까?

我要几点还车?
Wǒ yào jǐ diǎn huán chē?
워 야오 지 디엔 후안 쳐?

저녁 9시 전까지만 오시면 됩니다.

到晚上九点之前回来就可以了。
Dào wǎnshang jiǔ diǎn zhīqián huílái jiù kěyǐ le.
따오 완상 지우 디엔 즈치엔 후이라이 지우 커이 러

브레이크가 고장났습니다.

车闸坏了。
Chēzhá huài le.

쳐짜 화이 러

다른 건 없습니까?

有没有别的?
Yǒu méiyǒu biéde?

여우 메이여우 비에더?

타이어가 펑크났습니다.

轮胎没汽了。
Lúntāi méi qì le.

룬타이 메이 치 러

이동하기

Tip | 자전거

중국은 최근에 자전거 공유 서비스가 급부상하고 있다. 대표적으로 모바이크와 오포(ofo)라는 자전거 대여 서비스가 있다. 모바이크는 오렌지색 자전거, 오포는 노란색 자전거이다. 시내 어디에서든 스마트폰으로 자전거의 QR코드를 읽으면 자물쇠가 열리고 시내  곳곳 어디든 자전거를 주차하면 된다. 이용 완료 후 어플리케이션에서 종료를 누르면 자전거가 자동으로 잠기고, 이용시간에 따라 요금이 자동 계산되어 계좌에서 빠져나간다. 30분에 1元 (한국돈 80원 정도)으로 매우 저렴하나, 회원 가입 시 300위안 가량의 보증금을 내야 한다.

05

호텔에서

중국의 호텔 예약은 어플리케이션으로 가능해요.
아고라, 트리바고, 스카이스캐너 등 많은 어플이 있으니 참고하세요!

🎧MP3 05-1

■ 베이징호텔입니다.

这里是北京饭店。
Zhèlǐ shì Běijīng fàndiàn.
쪄리 스 베이징 판디엔

방을 예약하고 싶은데요.

我想预定一个房间。
Wǒ xiǎng yùdìng yíge fángjiān.
워 시앙 위띵 이거 팡지엔

■ 어떤 방을 원하십니까?

您要什么样的房间？
Nín yào shénmeyàng de fángjiān.
닌 야오 션머양 더 팡지엔

싱글 / 트윈으로 주십시오.

我要单人间 / 双人间。
Wǒ yào dānrénjiān / shuāngrénjiān.
워 야오 딴런지엔 / 슈앙런지엔

■ 며칠 묵으실 겁니까?

您要住几天？
Nín yào zhù jǐtiān.
닌 야오 쮸 지티엔

하루 / 이틀 / 3일이요.

一天 / 两天 / 三天。
Yìtiān / liǎngtiān / sāntiān.
이티엔 / 량티엔 / 싼티엔

하루에 얼마입니까?

一天房费多少钱?

Yìtiān fángfèi duōshao qián?

이티엔 팡페이 뚜어샤오 치엔?

■ 하루에 200위안입니다.

一天两百块。

Yìtiān liǎngbǎi kuài.

이티엔 량 바이 콰이

좀 더 싼 방은 없습니까?

有便宜点儿的房间吗?

Yǒu piányì diǎnr de fángjiān ma?

여우 피엔이 디알 더 팡지엔 마?

호텔에서

Tip **중국의 숙박시설**

중국의 호텔은 영어로 Hotel이라고 간판에 쓰여 있 는 경우도 있으나 대부분은 반점(饭店), 주점(酒店), 빈관(宾馆) 등의 이름이 붙어 있다. 그 밖의 저렴한 숙소로는 여관이나 여인숙 수준의 여사(旅社), 여관(旅馆), 초대소(招待所) 등이 있다. 그러나 이 중에는 외국인의 숙박  이 허용되지 않는 곳도 있으므로 숙박하기 전에 잘 알아봐야 한다. 중국의 숙 박시설은 가격 흥정이 가능하기도 하니까 흥정만 잘 하면 좋은 호텔을 싸게 이용할 수도 있다. 다인실을 이용할 경우는 소지품 보관에 더 신경을 써야 하 고 여관 및 여사의 경우 원칙적으로는 외국인을 받을 수 없게 되어 있다. 자유 여행의 경우 호텔 홈페이지를 이용하거나 중국 호텔 예약 어플리케이션으로 가격 비교 후 예약을 할 수 있다.

* 로비

* 쇼핑몰

* 귀빈 접객실

* 트윈룸

호텔	饭店	fàndiàn	판디엔
객실	客房	kèfáng	커팡
대표전화	总机	zǒngjī	쫑지
외선	外线	wàixiàn	와이시엔
로비	前厅	qiántīng	치엔팅

룸 카드 키	房卡	fángkǎ	팡카
더블 침대	双人床	shuāngrénchuáng	슈앙런추앙
만실	住满	zhùmǎn	쮸만
모닝콜	叫醒服务	jiàoxǐng fúwù	지아오싱 푸우
에어컨	空调	kōngtiáo	콩티아오
예약	订(房间)	dìng(fángjiān)	띵(팡지엔)
1인실	单人间	dānrénjiān	딴런지엔
2인실	双人间	shuāngrénjiān	슈앙런지엔
도미토리	多人房	duōrénfáng	뚜어런팡
팁	小费	xiǎofèi	시아오페이
프론트(안내)	服务台	fúwùtái	푸우타이
냉수	冷水	lěngshuǐ	렁슈이
온수	热水	rèshuǐ	러슈이
텔레비전	电视	diànshì	띠엔스
귀중품 보관함	保险箱	bǎoxiǎnxiāng	바오시엔시앙
체크인	登记	dēngjì	떵지
체크아웃	退房	tuìfáng	투이팡
싸다	便宜	piányi	피엔이
포터	行李员	xíngliyuán	싱리위엔
비상구	安全出口	ānquán chūkǒu	안취엔 츄커우
비상계단	安全楼梯	ānquán lóutī	안취엔 로우티

■ 예약하셨습니까?

您预定房间了没有?
nín yùdìng fángjiān le méiyǒu?
닌 위띵 팡지엔 러 메이여우?

예약을 안 했는데, 방 있어요?

没有, 现在有空房间吗?
Méiyǒu, xiànzài yǒu kōngfángjiān ma?
메이여우, 시엔짜이 여우 콩팡지엔 마?

■ 몇 분이십니까?

您几位?
Nín jǐ wèi?
닌 지 웨이?

4명이구요. 2인실로 두 개 부탁합니다.

我们是四个人。我们要两间双人间。
Wǒmen shì sìge rén. Wǒmen yào liǎng jiān shuāngrénjiān.
워먼 스 쓰거런. 워먼 야오 량 지엔 슈앙런지엔

방을 좀 볼 수 있을까요?

我可以先看一下房间吗?
Wǒ kěyǐ xiān kànyíxià fángjiān ma?
워 커이 시엔 칸 이시아 팡지엔 마?

■ 여기에 성함과 주소를 기입해 주세요.

请登记一下您的名字和地址。
Qǐng dēngjì yíxià nínde míngzi hé dìzhǐ.
칭 떵지 이시아 닌 더 밍쯔 허 띠즈

■ 여기 열쇠가 있습니다. 405호실입니다.

这是您的钥匙，是405号房间。
Zhè shì nínde yàoshi, shì sìlíngwǔ hào fángjiān.

쩌 스 닌 더 야오스, 스 쓰링우 하오 팡지엔

■ 여기 조식 티켓입니다.

这是早餐票。
Zhè shì zǎocān piào.

쩌 스 짜오찬 피아오

■ 죄송합니다. 만실입니다.

对不起。 我们饭店已经住满了。
Duì bu qǐ. wǒmen fàndiàn yǐjīng zhùmǎn le.

뚜이 부 치. 워먼 판디엔 이징 쮸만 러

☆ 숙박카드에 필요한 말

성	姓	xìng	싱
이름	名(字)	míng(zi)	밍(쯔)
주소	地址	dìzhǐ	띠즈
연락처	联系电话	liánxìdiànhuà	리엔시 띠엔화
도착일	抵达日期	dǐdárìqī	디다 르치
출발일	离开日期	líkāirìqī	리카이 르치
국적	国籍	guójí	꾸어지
여권번호	护照号码	hùzhàohàomǎ	후짜오 하오마
비자유효기간	签证有效期	qiānzhèng yǒuxiàoqī	치엔쩡 여우시아오치

호텔에서

여기 405호실인데요.

这是405号房间。
Zhè shì sìlíngwǔ hào fángjiān.

쩌 스 쓰링우 하오 팡지엔

뜨거운 물이 안 나와요.

不出热水。
Bù chū rèshuǐ.

뿌 츄 러슈이

수건이 부족해요.

毛巾不够了。
Máojīn búgòu le.

마오진 부꺼우 러

전기가 안 들어와요.

这里没有电。
Zhèlǐ méiyǒu diàn.

쩌리 메이여우 띠엔

리모컨이 고장났어요.

遥控器坏了。
Yáokòngqì huài le.

야오콩치 화이 러

에어컨이 안 되는데요?

空调不运转。
Kōngtiáo bú yùnzhuǎn.

콩티아오 부 윈쭈안

이 옷을 세탁해 주세요.

请帮我洗这件衣服。
Qǐng bāng wǒ xǐ zhèjiàn yīfu.

칭 빵 워 시 쪄지엔 이푸

드라이클리닝도 가능한가요?

干洗也可以吗?
Gānxǐ yě kěyǐ ma?

깐시 예 커이 마?

휴지가 떨어졌습니다.

没有卫生纸。
Méiyǒu wèishēngzhǐ.

메이여우 웨이셩즈

방을 좀 바꿔주실 수 있나요?

能不能换一下房间?
Néng bu néng huàn yíxià fángjiān.

넝 뿌 넝 후안 이시아 팡지엔?

Tip 중국의 전압

통상적으로 일반 전기기구는 220V 전용이다. 우리나라의 220V 전용이나 겸용 전기기구는 사용할 수 있지만, 110V 전용은 사용할 수 없다. 220V 전용이라도 곳에 따라서는 콘센트 잭에 세 개의 발이 달린 경우가 있기 때문에 중국에서 우리나라 전기 제품을 쓰려면 멀티플러그나 연결가능한 잭을 준비해야 한다. 로밍을 하는 경우는 공항에 있는 통신사 창구에서 무료로 빌릴 수도 있으니 문의해 보자.

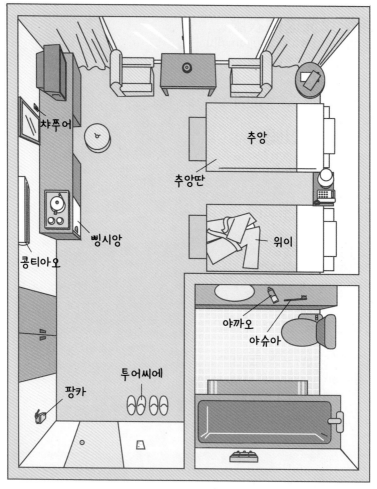

에어컨	空调	kōngtiáo	콩티아오
침대	床	chuáng	추앙
텔레비전	电视	diànshì	띠엔스
방키	房卡	fángkǎ	팡카
콘센트	插座	chāzuò	챠쭈어
스위치	开关	kāiguān	카이꾸안

칫솔	牙刷	yáshuā	야슈아
치약	牙膏	yágāo	야까오
이불	被子	bèizi	뻬이쯔
베개	枕头	zhěntou	전터우
슬리퍼	拖鞋	tuōxié	투어씨에
가운	浴衣	yùyī	위이
재떨이	烟灰缸	yānhuīgāng	옌후이깡
침대시트	床单	chuángdān	추앙딴
냉장고	冰箱	bīngxiāng	삥시앙
음료수	饮料	yǐnliào	인리아오
편지	信	xìn	신
편지봉투	信封	xìnfēng	신펑
명함	名片	míngpiàn	밍피엔
엘리베이터	电梯	diàntī	띠엔티
시내전화	市内电话	shìnèi diànhuà	스네이 띠엔화
국제전화	国际电话	guójì diànhuà	궈지 띠엔화
대표전화	总机	zǒngjī	쫑지
시내여행지도	市内旅游图	shìnèi lǚyóutú	스네이 뤼여우투

Tip 국제전화를 걸고 싶을 때는?

대도시의 호텔에서는 외선 번호를 돌리면 직접 국제 전화가 가능하다. 혹은 IP 카드를 구입해서 공중 전화에서 직접 걸 수 있으며, 사용방법은 카드에 써 있다. 카드는 가까운 편의점이나 통신사(连通리엔통)에서 살 수 있다. 물론 중국어로. 한국에서 미리 스마트폰에 스카이프나 위챗을 설치하여 지인들과 무료로 통화하는 방법도 있다.

■ 몇 분이십니까?

您几位?
Nín jǐwèi?
닌 지웨이?

한 사람 / 두 사람 / 세 사람 / 네 사람입니다.

一个人 / 两个人 / 三个人 / 四个人。
Yíge rén / liǎngge rén / sānge rén / sìge rén.
이거 런 / 량거 런 / 싼거 런 / 쓰거 런

■ 담배를 피우십니까?

请问, 您吸烟吗?
Qǐngwèn, Nín xīyān ma?
칭원, 닌 시옌 마?

네, 흡연석으로 주십시오.

是, 我要吸烟座位。
Shì, Wǒ yào xīyān zuòwèi.
스, 워 야오 시옌 쭈어웨이

음료는 뭐가 있습니까?

有什么饮料?
Yǒu shénme yǐnliào.
여우 션머 인리아오?

■ 커피하고 녹차가 있습니다.

有咖啡和绿茶。
Yǒu kāfēi hé lǜchá.
여우 카페이 허 뤼챠

뷔페식입니까?

是自助餐吗?
Shì zìzhùcān ma?
스 쯔쭈찬 마?

■ 죽과 만둣국 중에서 고르시는 겁니다.

有稀饭和馄饨，请选一种。
Yǒu xīfàn hé húntún, qǐng xuǎn yìzhǒng.
여우 시판 허 훈툰, 칭 쉬엔 이쭁

그럼 만둣국으로 주십시오.

那么请来一碗馄饨。
Nàme qǐng lái yìwǎn húntún.
나머 칭 라이 이 완 훈툰

■ 주문하시면 자리로 가져다 드립니다.

您点菜，我们送饭。
Nín diǎncài, wǒmen sòngfàn.
닌 디엔차이, 워먼 쏭판

Tip 즐거운 아침식사를

호텔에서 조식이 포함되어 있지 않을 경우 밖에서 아침을 사먹는 것도 중국 여행의 즐거움이다. 중국은 대부분이 맞벌이 부부이기 때문에 아침 일찍부터 노점이나 간이 식당에서 조식을 판다. 주로 만둣국, 꽈배기, 두유, 지엔빙 등을 먹는다.

팩스를 써도 되나요?

有传真服务吗?
Yǒu chuánzhēn fúwù ma?

여우 츄안쩐 푸우 마?

방에서 식사를 하고 싶습니다.

我要在房间里吃早饭。
Wǒ yào zài fángjiānli chī zǎofàn.

워 야오 짜이 팡지엔리 츠 짜오판

한국으로 국제전화를 하고 싶습니다.

我想往韩国打电话。
Wǒ xiǎng wǎng Hánguó dǎ diànhuà.

워 시앙 왕한구어 따 띠엔화

열쇠를 방 안에 두고 나왔습니다.

不好意思, 我把钥匙忘在房间里了。
Bù hǎo yìsi, wǒ bǎ yàoshi wàng zài fángjiānli le.

뿌 하오 이쓰, 워 빠 야오스 왕 짜이 팡지엔리 러

내일 아침 6시에 깨워 주십시오.

请明天早上六点叫醒我。
Qǐng míngtiān zǎoshang liùdiǎn jiàoxǐng wǒ.

칭 밍티엔 짜오상 리우디엔 지아오싱 워

이것을 부쳐 줄 수 있습니까?

你能帮我把这封信寄出去吗?
Nǐ néng bāngwǒ bǎ zhèfēngxìn jì chūqù ma?

니 넝 빵워 빠 쩌펑신 지 츄취 마?

이것은 무료입니까?

这是免费的吗?
Zhè shì miǎnfèide ma?
쪄 스 미엔페이더 마?

■ 아니요, 유료입니다.

不是，是收费的。
Búshì, shì shōufèide.
뿌 스, 스 셔우페이더

여기에서 국제 특급우편(EMS)을 이용할 수 있습니까?

这里能用国际特传吗?
Zhèlǐ néng yòng guójì tèchuán ma?
쪄리 넝 용 궈지 터츄안 마?

■ 여기서는 불가능하고 우체국에 가셔야 합니다.

这里不行。你要去邮局才可以呢。
Zhèlǐ bù xíng. Nǐ yào qù yóujú cái kěyǐ ne.
쪄리 뿌 싱. 니 야오 취 여우쥐 차이 커이 너

호텔 레스토랑은 몇 시에 영업이 끝납니까?

饭店的餐厅几点关门?
Fàndiànde cāntīng jǐdiǎn guānmén?
판디엔 더 찬팅 지디엔 꾸안먼?

오늘은 청소하지 말아 주세요.

今天不要打扫我的房间。
Jīntiān búyào dǎsǎo wǒde fángjiān.
진티엔 뿌야오 따싸오 워 더 팡지엔

🎧 MP3 05-6

지금 체크아웃 하겠습니다.

现在要退房。
Xiànzài yào tuìfáng.

시엔짜이 야오 투이팡

现在要退房。

(영수증을 보며)이것은 무슨 비용입니까?

这是什么费用?
Zhè shì shénme fèiyòng?

쪄 스 션머 페이용?

■ 전화 사용료입니다.

是电话费。
Shì diànhuàfèi.

스 띠엔화페이

■ 불편하신 점은 없으셨습니까?

有没有不方便的地方?
Yǒu méiyǒu bù fāngbiàn de dìfang?

여우 메이여우 뿌 팡비엔 더 띠팡?

없습니다. 아주 편안했습니다.

没有，很舒服。
Méiyǒu, hěn shūfu.

메이여우, 헌 슈푸

귀중품 보관함에 맡긴 물건을 찾으려고 합니다.

我要取回放在保险箱里的东西。
Wǒ yào qǔhuí fàng zài bǎoxiǎnxiānglǐ de dōngxi.

워 야오 취후이 팡 짜이 빠오시엔시앙리 더 똥시

짐 좀 맡길 수 있을까요?

行李可以存放在这儿吗?
Xínglǐ kěyǐ cúnfàng zài zhèr ma?

싱리 커이 춘팡 짜이 쪄얼 마?

■ 몇 호에 묵으셨습니까?

你住几号房间?
Nǐ zhù jǐhào fángjiān?

니 쭈 지하오 팡지엔?

405호에 묵었습니다.

住在405号房间。
Zhù zài sìlíngwǔ hào fángjiān.

쭈 짜이 쓰 링 우 하오 팡지엔

■ 몇 시에 찾으러 오시겠습니까?

您要几点来拿你的东西?
Nín yào jǐ diǎn lái ná nǐde dōngxi?

닌 야오 지 디엔 라이 나 니더 똥시?

1시요.

一点。
Yì diǎn.

이 디엔

택시를 좀 불러 주세요.

请帮我叫一辆出租车。
Qǐng bāngwǒ jiào yíliàng chūzūchē.

칭 빵워 지아오 이리앙 츄쭈쳐

06

식사하기

중국에도 각 지역을 대표하는 메뉴와 유명 식당들이 있습니다.
베이징은 베이징 카오야, 상하이는 해산물요리, 홍콩하면 딤섬 등등.
주문할 때의 표현을 익혀서 현지인들의 식당으로 야심차게 출동해 보아요!

이 주변에 식당이 있습니까?

请问，这附近有餐厅吗？
Qǐngwèn, zhè fùjìn yǒu cāntīng ma?
칭원, 쩌 푸진 여우 찬팅 마?

제게 좋은 식당을 소개해 주세요.

请给我介绍一个好的餐厅。
Qǐng gěiwǒ jièshào yíge hǎo de cāntīng.
칭 게이워 지에샤오 이거 하오 더 찬팅

■ 어서 오십시오.

欢迎光临。
Huānyíng guānglín.
환잉 꽝린

■ 이쪽으로 오십시오.

请这边走。
Qǐng zhè biān zǒu.
칭 쩌비엔 쩌우

■ 주문하시겠습니까?

您要点菜吗？
Nín yào diǎncài ma?
닌 야오 디엔차이 마?

저 사람과 똑같은 것으로 주세요.

我要和他一样的。
Wǒ yào hétā yíyàng de.
워 야오 허타 이양 더

이것은 매운(달콤한) 요리입니까?

这菜是辣的(甜的)吗？
Zhè cài shì làde(tiánde) ma?
쪄 차이 스 라더(티엔더) 마?

■ 죄송합니다. 좀 기다리셔야 합니다.

不好意思，请等一下。
Bù hǎo yìsi, qǐng děng yíxià.
뿌 하오 이쓰, 칭 덩 이시아

밥 한 공기 주세요.

来一碗米饭。
Lái yìwǎn mǐfàn.
라이 이완 미판

■ 죄송합니다. 여기는 밥은 없고 국수만 있습니다.

不好意思，这里没有米饭，只有面条。
Bù hǎo yìsi, zhèlǐ méiyǒu mǐfàn, zhǐyǒu miàntiáo.
뿌 하오 이쓰, 쪄리 메이여우 미판, 즈여우 미엔티아오

이 식당에서 제일 자신 있는 요리가 무엇입니까?

这个餐厅的拿手菜是什么？
Zhège cāntīng de náshǒucài shì shénme?
쪄거 찬팅 더 나셔우차이 스 션머?

■ 무엇을 드시겠습니까?

您要点什么？
Nín yào diǎn shénme?
닌 야오 디엔 션머?

이런 간판 이런 음식

취엔쥐더 베이징 오리구이 전문점

全聚得北京烤鸭

Quánjùdé Běijīng kǎoyā

베이징에 있는 오리구이 전문점으로 베이징에
가면 꼭 맛봐야 하는 요리이며 서울의 신촌에도
분점이 있을 정도로 세계적인 음식점이다.

피엔이팡 베이징 오리구이 전문점

便宜坊北京烤鸭

Piányifāng Běijīng kǎoyǎ

취엔쥐더와 함께 중국의 양대 베이징 오리구이
전문점이다. 1885년에 개업한 이래 110여년의
역사를 가진 원조격 오리구이집이다.

꼬치구이집

串儿

chuànr

길거리 혹은 꼬치구이 집에서 양고기에서부터
감자에 이르기까지 다양한 재료의 꼬치구이를
손쉽게 맛볼 수 있다.

초밥집

寿司

shòushī

스시를 음역하여 한자로 寿司라고 쓰는데, 한국
과 마찬가지로 중국에서도 일본요리는 대부분
고급요리로 가격이 비싼 편이다.

샤브샤브

火锅

huǒguō

샤브샤브는 대표적인 사천요리로 우리의 입맛에도 잘 맞는다. 매운 육수와 사골육수 두 종류로 나뉘는데, 중국인들은 양고기를 즐겨 먹고 그 외에도 여러 가지 재료들을 넣어 먹는다.

KFC

肯德基

kěndéjī

중국의 패스트푸드점에는 한국과 달리 놀이방 시설이 있어 항상 어린아이들로 붐빈다.

맥도날드

麦当劳

màidānglāo

중국 맥도날드의 햄버거는 한국보다 상당히 크고 맛도 중국인의 입맛에 맞게 조절했다. 중국풍의 햄버거를 맛보는 것도 나름대로의 풍미가 있다. 중국에만 있는 메뉴가 있다.

만두

饺子

jiǎozi

중국에서 만두(馒头)는 속에 아무것도 없는 찐빵을 의미하고, 우리가 말하는 만두는 중국에서 교자(饺子)라고 하는 것에 주의하자. 그 외에 비슷한 포자(包子)도 한 번 먹어볼 것!

여기요!

服务员!
Fúwùyuán!

푸우위엔!

메뉴를 주세요.

请给我菜单。
Qǐng gěiwǒ càidān.

칭 게이워 차이딴

(메뉴판을 보며) 이것으로 주세요.

我要这个。
Wǒ yào zhège.

워 야오 쩌거

주문을 바꾸었으면 하는데 될까요?

可以换菜吗?
Kěyǐ huàncài ma?

커이 후안차이 마?

이것은 제가 주문한 게 아닌데요.

这不是我点的菜。
Zhè búshì wǒ diǎnde cài.

쩌 뿌스 워 디엔더 차이

향채는 넣지 말아 주십시오.

请不要放香菜。
Qǐng búyào fàng xiāngcài.

칭 뿌야오 팡 시앙차이

이 고장의 요리를 맛보고 싶습니다.

我想尝尝地方风味儿。
Wǒ xiǎng chángchang dìfāng fēngwèir.

워 시앙 챵챵 띠팡 펑월

■ 술은 무엇으로 하시겠습니까?

您要什么酒?
Nín yào shénme jiǔ?

닌 야오 션머 지우?

맥주(소주, 이과두주)로 주세요.

我要啤酒(烧酒，二锅头)。
Wǒ yào píjiǔ(shāojiǔ, èrguōtóu).

워 야오 피지우(샤오지우, 얼구어터우)

☆ 필요하면 말하자

컵	杯子	bēizi	뻬이쯔
숟가락	勺子	sháozi	샤오쯔
젓가락	筷子	kuàizi	콰이쯔
(차)주전자	(茶)壶	(chá)hú	(챠)후
찻잎	茶叶	cháyè	챠예
냅킨	餐巾纸	cānjīnzhǐ	찬진즈
얼음	冰块儿	bīng kuàir	삥쿠알
접시	盘子	pánzi	판쯔

81

모두 얼마입니까?

一共多少钱?
Yígòng duōshao qián?

이꽁 뚜어샤오 치엔?

계산은 어디서 하죠?

在哪儿结帐?
Zài nǎr jiézhàng?

짜이 날 지에쨩?

영수증을 주세요.

请开张发票。
Qǐng kāi zhāng fāpiào.

칭 카이 쨩 파피아오

같이 계산해 주세요.

一块儿结帐吧。
Yíkuàir jiézhàng ba.

이쿠알 지에쨩 바

■ 여기 사인해 주세요.

请这儿签名。
Qǐng zhèr qiānmíng.

칭 쪄얼 치엔밍

오늘은 제가 사겠습니다.

今天我请客。
Jīntiān wǒ qǐngkè.

진티엔 워 칭커

그러실 필요까지야….

不好意思了。
Bù hǎo yìsi le.

뿌 하오 이쓰 러

다음 번에는 제가 사겠습니다.

下一次我来请客。
Xià yícì wǒ lái qǐngkè.

시아 이츠 워 라이 칭커

더치페이로 합시다.

我们AA制吧。
Wǒmen AAzhì ba.

워먼 에이에이즈 바

식사하기

안 됩니다. 제가 내겠습니다.

不行。我来付。
Bùxíng. Wǒ lái fù.

뿌 싱. 워 라이 푸

☆ 맛에 관한 말

시다	酸	suān	쑤안
달다	甜	tián	티엔
쓰다	苦	kǔ	쿠
맵다	辣	là	라
짜다	咸	xián	시엔
싱겁다	淡	dàn	딴

83

■ 차 드십시오.

请喝茶。
Qǐng hē chá.

칭 허 차

■ 무슨 차를 드시겠습니까?

您要喝什么茶?
Nín yào hē shénme chá?

닌 야오 허 션머 차?

■ 어떤 차를 좋아하십니까?

你喜欢什么茶?
Nǐ xǐhuan shénme chá?

니 시환 션머 차?

다 좋습니다.

无所谓。
Wúsuǒwèi.

우쑤어웨이

■ 제가 차를 타 드리겠습니다.

我来泡茶。
Wǒ lái pàochá.

워 라이 파오차

중국차는 정말 향이 좋군요.

中国茶很香啊!
Zhōngguóchá hěn xiāng a!

쫑구어차 헌 시앙 아!

☆ 차에 관한 말

자스민차	茉莉花茶	mòlìhuāchá	모리화챠
우롱차	乌龙茶	wūlóngchá	우롱챠
용정차	龙井茶	lóngjǐngchá	룽징챠
꽃차	花茶	huāchá	화챠
인삼차	人参茶	rénshēnchá	런션챠
맑고 향기가 좋다	清香	qīngxiāng	칭시앙
차를 타다	泡茶	pào chá	파오챠
진하다	浓	nóng	농

 청차 青茶 qīngchá 칭챠

 흑차 黑茶 hēichá 헤이챠

 백차 白茶 báichá 바이챠

 녹차 绿茶 lǜchá 뤼챠

 홍차 红茶 hóngchá 홍챠

 황차 黄茶 huángchá 황챠

Tip 중국인과 차

중국 사람은 차를 마시는 것이 물을 먹는 것만큼 생활화되어 있다. 차의 종류만 해도 수 만 가지에 달한다. 중국에서는 대부분 한국처럼 잎과 물을 구분하는 망이 없이 바로 물에 띄워서 마시는데 고급차 일수록 찻잎이 물에 가라앉기 때문에 마시는데 전혀 지장이 없다고 한다.

85

밥	米饭	mǐfàn	미판
죽	粥	zhōu	쩌우
만두	饺子	jiǎozi	지아오쯔
찐빵	馒头	mántou	만터우
춘권	春卷	chūnjuǎn	춘 쥐엔
짜장면	炸酱面	zhájiàngmiàn	쨔지앙미엔
송화단	松花蛋	sōnghuādàn	송화단
국수	面条	miàntiáo	미엔티아오
버섯볶음	香菇油菜	xiānggū yóucài	시앙꾸 여우차이
라면(인스턴트)	方便面	fāngbiànmiàn	팡비엔미엔
볶음밥	炒饭	chǎofàn	챠오판
뷔페	自助餐	zìzhùcān	쯔쥬찬
세트메뉴	套餐	tàocān	타오찬
마파두부	麻婆豆腐	mápódòufu	마포떠우푸
두유	豆浆	dòujiàng	떠우지앙
삼선탕	三鲜汤	sānxiāntāng	싼시엔탕
팔보채	八宝菜	bābǎocài	빠바오차이
딤섬	点心	diǎnxīn	디엔신
오리구이	烤鸭	kǎoyā	카오야
계란볶음	炒鸡蛋	chǎojīdàn	챠오지단
전병 부침	煎饼	jiānbǐng	지엔삥
튀긴 만두	炸馒头	zhámántou	쨔 만터우
끓인 물	开水	kāishuǐ	카이 슈에이
만둣국	馄饨	húntun	훈툰

중국의 요리 이름에서도 미학을 찾아볼 수 있다.

사자성어를 이용하거나 음식의 모양을 시적으로 표현한 것.

 **마이상수 蚂蚁上树** *mǎyǐshàngshù*
(개미가 나무를 올라가다) 사천요리 중 하나로 우리의 잡채
와 비슷하다. 잘게 다져진 쇠고기가 당면에 붙어있는 모습
이 마치 개미가 나무를 오르는 모양과 같다고 하여 붙여
진 이름이다.

 **씨화펑니아오 雪花凤鸟** *xuěhuāfèngniǎo*
(눈꽃과 봉황) 계란과 닭고기를 이용한 볶음 요리이다. 닭
은 봉황에 볶은 계란을 눈꽃으로 나타냈다.

 **진거우펑웨이 金勾凤尾** *jīngòufèngwěi*
(금고리와 봉황의 꼬리털) 말린 새우와 푸른 죽순을 볶아
만든 유리이다. 노란 새우를 금색고리, 푸른 죽순을 봉황의
꼬리에 비유했다.

Tip **메뉴에 나오는 한자보고 조리법 알아맞히기**

중국요리이름에는 조리법이 들어가는 경우가 많기 때문에 기본적인 조리법의
한자와 요리형태를 의미하는 한자만 알아두면 엉뚱한 메뉴를 주문하는 실수
는 면할 수 있다.

햄버거 하나 주세요.

我要一个汉堡包。
Wǒ yào yíge hànbǎobāo.

워 야오 이거 한바오빠오

■ 매운 맛으로 드릴까요?

您要辣的吗?
Nín yào làde ma?

닌 야오 라더 마?

후렌치 후라이(애플파이, 아이스크림, 콜라) 하나 주세요.

我要一个薯条(苹果派, 冰淇淋, 可乐)。
Wǒ yào yíge shǔtiáo(píngguǒpài, bīngqílín, kělè).

워 야오 이거 슈티아오(핑궈파이, 삥치린, 커러)

■ 더 필요한 건 없으십니까?

还要别的吗?
Hái yào biéde ma?

하이 야오 비에더 마?

4번 세트메뉴 하나 주세요.

我要一个4号套餐。
Wǒ yào yíge sìhào tàocān.

워 야오 이거 쓰하오 타오찬

■ 가져가실 건가요? 여기서 드실 건가요?

您是在这里吃还是打包?
Nín shì zài zhèli chī háishì dǎbāo?

닌 스 짜이 쩌리 츠 하이스 따빠오?

먹고 갈 거예요. / 가져갈 거예요.

在这里吃。/ 打包。
Zài zhèli chī. / dǎbāo.

짜이 쩌리 츠 / 따빠오

■ 냉커피와 뜨거운 커피 두 가지가 있습니다.

咖啡有冰的和热的两种。
Kāfēi yǒu bīngde hé rède liǎngzhǒng.

카페이 여우 삥더 허 러더 량죵

케첩(냅킨) 좀 더 주세요.

请给我番茄酱(餐巾纸)。
Qǐng gěiwǒ fānqiéjiàng(cānjīnzhǐ).

칭 게이워 판치에지앙 / 찬진즈

화장실은 어디입니까?

请问，卫生间在哪儿?
Qǐngwèn, wēishēngjiān zài nǎr?

칭원, 웨이셩지엔 짜이 날?

모두 얼마입니까?

总共多少钱?
Zǒnggòng duōshao qián?

쫑꽁 뚜어샤오 치엔?

영수증이 필요하십니까?

您要发票吗?
Nín yào fāpiào ma?

닌 야오 파피아오 마?

🎧 MP3 06-6

■ 주문하시겠어요?

您要什么?
Nín yào shénme?

닌 야오 션머?

햄버거 하나랑, 커피 한 잔 주세요.

请给我一个汉堡包和一杯咖啡。
Qǐng gěiwǒ yíge hànbǎobāo hé yìbēi kāfēi.

칭 게이워 이거 한빠오빠오 허 이뻬이 카페이

치킨 두 조각 주세요.

我要两块炸鸡。
Wǒ yào liǎngkuài zhájī.

워 야오 량콰이 쟈지

■ 음료는 뭘로 하시겠어요?

您喝什么饮料?
Nín hē shénme yǐnliào?

닌 허 션머 인랴오?

■ 커피, 콜라, 사이다, 주스가 있습니다.

有咖啡、可乐、雪碧和果汁。
Yǒu kāfēi, kělè, xuěbì hé guǒzhī.

여우 카페이, 컬러, 쉬에삐 허 궈즈

■ 2층에 자리가 있습니다.

二楼有座位。
Èr lóu yǒu zuòwèi.

얼 러우 여우 쭈어웨이

콜라 리필 되나요?

可乐可以续杯吗？
Kělè kěyǐ xùbēi ma?
컬러 커이 쉬뻬이 마?

■ 죄송하지만 리필은 안 됩니다.

对不起，饮料是不能续杯的。
Duìbuqǐ, yǐnliào shì bùnéng xùbēi de.
뚜이부치, 인랴오 스 뿌넝 쉬뻬이 더

■ 크림, 설탕 다 드릴까요?

奶和糖都要吗？
Nǎi hé táng dōu yào ma?
나이 허 탕 떠우 야오 마?

반으로 좀 잘라 주세요.

请把它给我切成两块儿。
Qǐng bǎ tā gěiwǒ qiē chéng liǎng kuàir.
칭 빠 타 게이워 치에 청 량 콸

식사하기

여기 앉아도 돼요?

我可以坐在这里吗？
Wǒ kěyǐ zuò zài zhèlǐ ma?
워 커이 쭈어 짜이 쩌리 마?

■ 네, 그러세요. / 아뇨, 자리 있어요.

可以。/对不起，这里有人。
Kěyǐ. / Duìbuqǐ, zhèlǐ yǒu rén.
커이 / 뚜이부치, 쩌리 여우 런

맥도날드, KFC 등 종류가 다양하다.

햄버거	빅맥	치즈버거
汉堡包	**巨无霸**	**吉士汉堡**
hànbǎobāo	jùwúbà	jíshìhànbǎo
한빠오빠오	쮜우빠	지스한빠오

치킨버거	피쉬버거	감자튀김
麦香鸡	**麦香鱼**	**薯条**
màixiāngjī	màixiāngyú	shǔtiáo
마이시앙지	마이시앙위	슈티아오

닭다리	맥너겟	맥윙
香骨鸡腿	**麦乐鸡**	**麦辣鸡翅**
xiānggǔ jītuǐ	màilèjī	màilà jīchì
시앙꾸 지투이	마이러지	마이라 지츠

물티슈	湿纸巾	shīzhǐjīn	스즈진
스트로우	吸管	xīguǎn	시구안
냅킨	餐巾纸	cānjīnzhǐ	찬진즈
세트	套餐	tàocān	타오찬
케첩	番茄酱	fānqiéjiàng	판치에지앙
콜라	可乐	kělè	컬러
사이다	雪碧	xuěbì	쉬에삐
환타	芬达	fēndá	펀다
커피	咖啡	kāfēi	카페이

중국인들은 일반적으로 패스트푸드보다는 전통적인 먹거리를 더 선호하는 편이다.

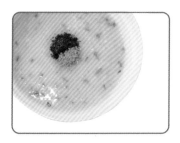

쩌우 粥

zhōu

죽으로 흰죽(바이쩌우), 좁쌀죽, 누룽지죽 등등이 있다. 중국 북부지방의 가장 일반적인 아침 식사라고 할 수 있다.

여우티아오 油条

yóutiáo

밀가루 반죽을 길죽하게 만들어 기름에 튀긴 빵. 꼬지않은 꽈배기같다. 맛은 약간 짭짤하고 껍질은 바삭하며 속은 말랑말랑하다.

식사하기

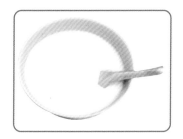

떠우지앙 豆浆

dòujiāng

달콤하고 따뜻한 두유로 싱거운 베지밀에 설탕 3스푼 넣은 맛이다. 중국인들에게 무척 인기있는 식품이며, 주로 여우티아오와 함께 먹는다.

시아오롱빠오 小笼包

xiǎolóngbāo

보통 한 판에 6~7개가 나오므로 한 사람의 한 끼 식사로 충분하다. 간이 충분히 되어 있기 때문에 간장에 찍어 먹지 않아도 된다.

이것은 무엇입니까?

这是什么?
Zhè shì shénme?

져 스 션머?

■ 튀김빵(깨떡, 양고기꼬치)입니다.

是炸馒头(芝麻饼, 羊肉串儿)。
Shì zhámántou(zhīmábǐng, yángròuchuànr).

스 쟈만터우(즈마삥, 양러우츄알)

하나에 얼마입니까?

一个多少钱?
Yíge duōshao qián?

이 거 뚜어샤오 치엔?

■ 세 개에 5원입니다.

三个五块。
Sānge wǔkuài.

싼거 우콰이

■ 양념을 뿌려 드릴까요?

要不要放调料?
Yào bú yào fàng tiáoliào?

야오 뿌야오 팡 티아오리아오?

■ 비닐에 넣어 드릴까요?

要不要袋子?
Yào bú yào dàizi?

야오 뿌야오 따이쯔?

커피 리필 되나요?

咖啡可不可以续杯?
Kāfēi kě bù kěyǐ xùbēi?

카페이 커 부 커이 쉬뻬이?

주문한 게 아직 안 나왔어요.

我点的菜还没上来。
Wǒ diǎnde háiméi shànglái.

워 디엔더 차이 하이메이 샹라이

이것은 제가 주문한 음식이 아닌데요.

这不是我点的菜。
Zhè búshì wǒ diǎnde cài.

져 뿌스 워 디엔더 차이

향신료는 넣지 말아 달라고 말했는데요.

我说了不要放香菜。
Wǒ shuō le búyào fàng xiāngcài.

워 슈어 러 뿌야오 팡 시앙차이

이 요리는 너무 짜서 먹을 수가 없습니다.

这个菜太咸, 不能吃。
Zhège cài tài xián, bùnéng chī.

져거 차이 타이 시엔, 뿌넝 츠

■ 죄송합니다. 새로 해 드리겠습니다.

对不起, 我们重新做一下。
Duì bu qǐ, wǒmen chóngxīn zuò yíxià.

뚜이 부 치, 워먼 총신 쭈어 이시아

식사하기

95

⌒ MP3 06-9

이 근처에 편의점이 있어요?

这附近有便利商店吗?
Zhè fùjìn yǒu biànlì shāngdiàn ma?

쪄 푸진 여우 삐엔리 샹디엔 마?

컵라면 여기서 먹을 수 있어요?

在这里可以吃方便面吗?
Zài zhèli kěyǐ chī fāngbiànmiàn ma?

짜이 쪄리 커이 츠 팡비엔미엔 마?

나무 젓가락 좀 주세요.

请给我卫生筷子。
Qǐng gěiwǒ wèishēng kuàizi.

칭 게이워 웨이셩 콰이쯔

무료예요?

免费吗?
Miǎnfèi ma?

미엔페이 마?

전자렌지에 좀 데워 주세요.

请给我热一热。
Qǐng gěiwǒ rè yí rè.

칭 게이워 러 이 러

여기 현금지급기는 없어요?

这里有没有提款机?
Zhèli yǒu méiyǒu tíkuǎnjī?

쪄리 여우 메이여우 티콴지?

뜨거운 물을 부어 주세요.

请给我倒一下热水。
Qǐng gěiwǒ dào yíxià rèshuǐ.

칭 게이워 따오 이시아 러슈에이

비닐봉지 하나 더 받을 수 있어요?

可不可以再给我一个塑料袋儿？
Kě bù kěyǐ zài gěiwǒ yíge sùliàodàir?

커 뿌 커이 짜이 게이워 이거 쑤리아오 딸?

젓가락 두 개 주세요.

请给我一双筷子。
Qǐng gěiwǒ yìshuāng kuàizi.

칭 게이워 이슈앙 콰이쯔

스푼, 포크 주세요.

请给我勺子和叉子。
Qǐng gěiwǒ sháozi hé chāzi.

칭 게이워 샤오쯔 허 챠쯔

Tip **길거리 음식점**

중국의 길거리에는 작은 규모의 음식점들이 많다. 음식의 종류로는 면을 삶아 건져 국물에 야채를 곁들여 파는 라미엔(拉面 lāmiàn), 칼로 조금씩 자르며 날려서 끓는 물에 삶아낸 뒤 얼큰한 국물에 넣어 파는 따오시아오미엔(刀削面 dāoxiāomiàn), 밀가루 부침에 달걀, 파 등을 적당히 섞어서 만든 지엔빙(煎饼 jiānbǐng), 적당한 야채를 찹쌀 반죽으로 싸서 튀긴 춘쥐알(春卷儿 chūnjuǎnr), 덮밥처럼 밥 위에 몇 가지 반찬을 얹어 파는 허판(盒饭 héfàn) 등이 있다.

이거 오늘 거예요?

这是今天烤的吗?
Zhè shì jīntiān kǎode ma?
쩌 스 진티엔 카오더 마?

며칠까지 두고 먹을 수 있어요?

有效期到什么时候?
Yǒuxiàoqī dào shénme shíhou?
여우시아오치 따오 션머 스허우?

죄송하지만, 먹기 좋게 좀 잘라 주시겠어요?

请给我切成一块儿一块儿的。
Qǐng gěiwǒ qiēchéng yíkuàir yíkuàir de.
칭 게이워 치에청 이쿠알 이쿠알 더

따로따로 싸 주세요.

请一个一个地分开包。
Qǐng yíge yíge de fēnkāi bāo.
칭 이거 이거 더 펀카이 빠오

이 빵 맛있겠네요.

这个面包看来很好吃。
Zhège miànbāo kànlái hěn hǎochī.
쩌거 미엔빠오 칸라이 헌 하오츠

선물할 거니까 포장해 주세요.

要送人的, 请给我包装一下。
Yào sòng rén de, qǐng gěiwǒ bāozhuāng yíxià.
야오 쏭 런 더, 칭 게이워 빠오쮸앙 이시아

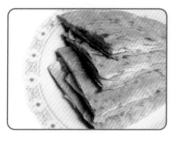

지단지엔삥 鸡蛋煎饼
jīdànjiānbǐng

동그랗게 구운 밀가루 빵을 화덕
에 얹어놓아 기름기가 쭉 빠지면
그 안에 계란 후라이를 넣어서 먹
는데 기호에 따라 각종 야채를 넣
을 수 있다.

빠오쯔 包子
bāozi

우리가 흔히 말하는 찐만두 종류이
다. 안에 고기나 야채 등이 들어 있
다. 특히 팥죽이나 좁쌀죽을 곁들여
먹으면 하루를 든든하게 시작할 수
있다.

식사하기

춘쥐얼 春卷儿
chūnjuǎnr

부추와 당면을 밀가루 피로 직사각형으
로 말아서 튀긴 것. 중국사람들은 아침
에도 튀긴 밀가루빵류를 종종 먹는다.

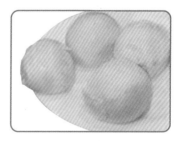

만터우 馒头
mántou

중국 북방 사람들이 즐겨 먹는다
는 속이 없는 만두이다. 맛은 심
심하지만 씹는 맛이 제법 괜찮다.
만두와 같은 것으로는 지아오쯔
(饺子 jiǎozi) 또는 빠오쯔(包子
bāozi)가 있다.

몇 분이십니까?

一共几位?
Yígòng jǐ wèi?
이꽁 지 웨이?

■ 안내해 드리겠습니다.

我给你带路。请跟我来。
Wǒ gěinǐ dàilù. Qǐng gēn wǒ lái.
워 게이니 따이루. 칭 껀 워 라이

창가 자리로 부탁합니다.

我要靠窗的座位。
Wǒ yào kàochuāng de zuòwèi.
워 야오 카오츄앙 더 쭈어웨이

우선 메뉴판 좀 주세요.

先把菜单给我看看。
Xiān bǎ càidān gěiwǒ kànkan.
시엔 바 차이딴 게이워 칸칸

■ 주문하시겠어요?

您要点菜吗?
Nín yào diǎncài ma?
닌 야오 디엔차이 마?

브랜디 한 잔 하고, 칵테일 한 잔 주세요.

来一杯白兰地和一杯鸡尾酒吧。
Lái yìbēi báilándì hé yìbēi jīwěijiǔ ba.
라이 이뻬이 빠이란띠 허 이뻬이 지웨이지우 바

일단 맥주 두 병 주세요.

先来两瓶啤酒吧。
Xiān lái liǎngpíng píjiǔ ba.

시엔 라이 량핑 피지우 바

■ 맥주는 어떤 것으로?

要什么啤酒？
Yào shénme píjiǔ?

야오 션머 피지우?

맥주 세 병 더 주세요.

请再来三瓶啤酒。
Qǐng zài lái sānpíng píjiǔ.

칭 짜이 라이 싼핑 피지우

식사하기

Tip **다양한 제조법으로 빚은 중국 술**

중국은 각 지방마다 반드시 한 두 개씩은 특산주가 있을 정도로 술의 종류가 다양하다. 알코올 도수는 보통 40~60도 정도로 무척 독한 편이다. 술의 종류로 는 크게 백주, 황주, 과실주, 약주가 있다. 모태주(茅台酒 máotáijiǔ 마오타이지우), 분주(汾酒 fénjiǔ 펀지우), 두강주(杜康酒 dùkāngjiǔ 뚜캉지우), 소 흥주(绍兴酒 shàoxīngjiǔ 샤오싱지우), 오가피주, 죽엽청(竹叶酒 zhúyèqīngjiǔ 쮜예칭지우) 등이 유명하다.

안주는 뭐가 좋아요?

哪种下酒菜比较好呢？
Nǎzhǒng xiàjiǔcài bǐjiào hǎo ne?
나쭝 시아지우차이 비지아오 하오 너?

먹기 좋은 것으로 추천해 주시지 않겠습니까?

哪个比较好吃，您能不能推荐一下？
Nǎge bǐjiào hǎochī, nín néng bùnéng tuījiàn yíxià.
나거 비지아오 하오츠, 닌 넝 뿌넝 투이지엔 이시아

맵지 않은 것으로 주세요.

我要不辣的。
Wǒ yào búlà de.
워 야오 뿌라 더

땅콩 같은 것 있어요?

有花生之类的吗？
Yǒu huāshēng zhīlèi de ma?
여우 화셩 즈레이 더 마?

그럼, 이걸로 주세요.

那，我要这个。
Nà, wǒ yào zhège.
나, 워 야오 쩌거

메뉴판 좀 다시 보여 주세요.

请拿菜单看一下。
Qǐng ná càidān kàn yíxià.
칭 나 차이딴 칸 이시아

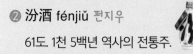

☆ 중국의 6대 명주

❶ 茅台酒 máotáijiǔ 마오타이지우

53도. 중국을 대표하는 술로 향기가 좋기로 유명하다. 주재료는 고량(수수)이다.

❷ 汾酒 fénjiǔ 펀지우

61도. 1천 5백년 역사의 전통주.

❸ 五粮液 wǔliángyè 우량예

60도. 고량, 쌀, 옥수수, 찹쌀, 소맥의 다섯 가지 곡식으로 만든 곡주이며 맛이 깨끗하다.

❹ 劍南酒 jiànnánjiǔ 지엔난지우

60도. 쓰촨 지방의 명주

❺ 古井贡酒 gǔjǐnggòngjiǔ 구징꽁지우

45도. 명의 화타(华陀)의 고향인 고정(古井)의 물로 빚은 술.

❻ 卢州老告特曲 lúzhōulǎogàotèqū 루져우라오까오터취

45도. 4백 여년의 역사를 가진 술로서 농후한 향기와 맛이 특징.

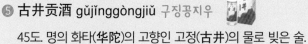

식사하기

맥주	啤酒	píjiǔ	피지우
포도주	葡萄酒	pútáojiǔ	푸타오지우
칵테일	鸡尾酒	jīwěijiǔ	지웨이지우
샴페인	香宾酒	xiāngbǐnjiǔ	시앙삔지우
보드카	伏特加	fútèjiā	푸터지아
데킬라	特其拉酒	tèqílājiù	터치라지우
베갈(고량주)	白酒	báijiǔ	바이지우
마오타이주	茅台酒	mátáijiǔ	마오타이지우

맛이 어때요?

味道怎么样?
Wèidao zěnmeyàng?

웨이따오 쩐머양?

약간 쓴데요.

有点儿苦。
Yǒudiǎnr kǔ.

여우디알 쿠

아주 맛있어요.

非常好吃。
Fēicháng hǎochī.

페이창 하오츠

(술이) 약간 독한 것 같아요.

(酒)有点儿烈 / 高。
(jiǔ)Yǒudiǎnr liè / gāo.

(지우)여우디알 리에 / 까오

술은 좀 하는 편이세요?

你会不会喝酒?
Nǐ huì bú huì hē jiǔ?

니 후이 뿌 후이 허 지우?

꽤 마십니다.

我会喝酒。
Wǒ huì hē jiǔ.

워 후이 허 지우

술이 세시군요.

你的酒量很大。
Nǐde jiǔliàng hěn dà.
니더 지우리앙 헌 따

술이 약해요.

我的酒量很小。
Wǒde jiǔliàng hěn xiǎo.
워더 지우리앙 헌 시아오

제가 한 잔 올리겠습니다.

我敬你一杯。
Wǒ jìng nǐ yìbēi.
워 징 니 이뻬이

안 됩니다. 더 마시면 취합니다.

不行了。我再喝，就要醉了。
Bùxíngle. Wǒ zài hē, jiù yào zuì le.
뿌 싱 러 워 짜이 허, 지우 야오 쭈이 러

우리 함께 건배합시다.

我们来干一杯。
Wǒmen lái gān yìbēi.
워먼 라이 깐 이뻬이

건배!

干杯!
Gānbēi!
깐뻬이!

이 집은 분위기가 아주 좋군요.

这家餐厅气氛很好。
Zhè jiā cāntīng qìfēn hěn hǎo.
쪄 지아 찬팅 치펀 헌 하오

유명한 곳이에요?

是有名的吗？
Shì yǒumíng de ma?
스 여우밍 더 마?

다음에 또 와 보고 싶어요.

我想下一次再来这里。
Wǒ xiǎng xià yícì zài lái zhèli.
워 시앙 시아 이츠 짜이 라이 쪄리

계산서 좀 갖다 주세요.

请拿帐单来。
Qǐng ná zhàngdān lái.
칭 나 쨩딴 라이

오늘은 제가 낼게요.

今天我请客。
Jīntiān wǒ qǐngkè.
진티엔 워 칭커

잘 마셨습니다.

谢谢，今天吃得很好。
Xièxie, jīntiān chī de hěn hǎo.
시에시에, 진티엔 츠 더 헌 하오

다음에는 제가 살게요.

下一次我来请客。
Xià yícì wǒ lái qǐngkè.
시아 이츠 워 라이 칭커

각자 냅시다.

各付各的吧。
Gè fù gède ba.
꺼 푸 꺼더 바

시끄럽다	吵闹	chǎonào	챠오나오
조용하다	安静	ānjìng	안징
넓다	宽敞	kuānchang	쿠안챵
협소하다	狭小	xiáxiǎo	시아 시아오
떠들썩하다	热闹	rènao	러나오
술고래	酒鬼	jiǔguǐ	지우꾸이
술을 못하다	不会 喝酒	búhuì hējiǔ	뿌후이 허지우

Tip | 중국인의 음주법

중국인의 술자리는 그야말로 떠들썩한데 술자리의 핵심은 즐겁게 마신다는 데 있기 때문이다. 하지만 혼란한 와중에서 엄격히 지키는 술자리 예절이 있다. 특히 주의할 점은 상대방의 눈을 보며 같이 입을 대고 같이 입을 떼야 한다. 만일 상대방과 눈을 마주치지 않고 마시면 대작하기 싫다는 의미가 되기 때문이다.

07

쇼핑하기

정가제인 곳도 있지만, 시장 같은 곳은 흥정을 할 수 있습니다.
쇼핑의 꽃은 바로 흥정이라고 하죠!
중국어 숫자와 금액 말하기도 꼭 익혀주세요.

■ 어서 오십시오.

欢迎光临!
Huānyíng guānglín!
후안잉 꽝린!

■ 찾으시는 거라도 있으세요?

您要什么?
Nín yào shénme?
닌 야오 션머?

그냥 좀 보는 겁니다.

我只是随便看一看。
Wǒ zhǐshì suíbiàn kàn yí kàn.
워 즈스 쑤이삐엔 칸 이 칸

이것 좀 보여 주세요.

请把这个给我看看。
Qǐng bǎ zhège gěiwǒ kànkàn.
칭 빠 쪄거 게이워 칸칸

이거 얼마예요?

这个多少钱?
Zhège duōshao qián?
쪄거 뚜어샤오 치엔?

다른 색깔이 있어요?

有没有别的颜色?
Yǒu méiyǒu bié de yánsè?
여우 메이여우 비에 더 옌써?

엘리베이터 / 화장실이 어디에 있어요?

电梯 / 洗手间在哪儿?
Diàntī / xǐshǒujiān zài nǎr?
띠엔티 / 시셔우지엔 짜이 날?

기념품 매장은 몇 층이죠?

纪念品专柜在几楼?
Jìniànpǐn zhuānguì zài jǐlóu?
지니엔핀 쭈안꾸이 짜이 지러우?

이곳은 몇 시에 문 닫나요?

这里几点关门?
Zhèlǐ jǐdiǎn guānmén?
쪄리 지디엔 꾸안먼?

좀 싸게 해주실 수 있습니까?

能不能便宜一点儿?
Néng bù néng piányi yìdiǎnr.
넝 뿌 넝 피엔이 이디알

비싸다. / 싸다.

很贵。/ 很便宜。
Hěn guì. / Hěn piányi.
헌 꾸이 / 헌 피엔이

좀 더 큰 것 / 작은 것 있어요?

有没有再大 / 小一点儿的?
Yǒu méiyǒu zài dà / xiǎo yìdiǎnr de?
여우 메이여우 짜이 따 / 시아오 이디알 더?

AS보증서	保修卡 / 三包卡	bǎoxiūkǎ / sānbǎokǎ	빠오시우카 / 싼바오카
가격	价格	jiàgé	지아꺼
가격표	价目单	jiàmùdān	지아무딴
계산	结帐	jiézhàng	지에쨩
계산대	收款处	shōukuǎnchù	셔우쿠안츄
계산서	帐单	zhàngdān	쨩딴
고급품	高档产品	gāodàngchǎnpǐn	까오땅 챤핀
공예품	工艺品	gōngyìpǐn	꽁이핀
교환	交换	jiāohuàn	지아오후안
구두	皮鞋	píxié	피시에
국산품	国产品	guóchǎnpǐn	구어챤핀
까르푸	家乐福	jiālèfú	지아러푸
넥타이	领带	lǐngdài	링따이
도자기	陶瓷	táocí	타오츠
도장	印章, 图章	yìnzhāng, túzhāng	인쨩, 투쨩
면세점	免税店	miǎnshuìdiàn	미엔슈이디엔
반품	退换	tuìhuàn	투이후안
배달	送货, 投递	sònghuò, tóudì	쏭후어, 터우띠
백화점	百货商店	bǎihuò shāngdiàn	빠이후어 샹디엔
봉투	袋子	dàizi	따이쯔
불량품	次品	cìpǐn	츠핀
샘플	样品	yàngpǐn	양핀
서점	书店	shūdiàn	슈디엔
선물	礼物	lǐwù	리우
쇼핑백	购物袋子	gòuwù dàizi	꺼우우 따이쯔
수입품	进口商品	jìnkǒushāngpǐn	진커우 샹핀
슈퍼마켓	超级市场	chāojí shìchǎng	챠오지 스챵

스카프	围巾	wéijīn	웨이진
신용카드	信用卡	xìnyòngkǎ	신용카
아울렛	折扣店	zhékòudiàn	쩌커우디엔
아이쇼핑	逛街	guàngjiē	꾸앙지에
야시장	夜市	yèshì	예스
영수증	发票	fāpiào	파피아오
옥	玉	yù	위
옷	衣服, 服装	yīfu, fúzhuāng	이푸, 푸쮸앙
잔돈	零钱	língqián	링치엔
장갑	手套	shǒutào	셔우타오
종업원	服务员	fúwùyuán	푸우위엔
지갑	钱包	qiánbāo	치엔빠오
지불	付款	fùkuǎn	푸쿠안
진주	珍珠	zhēnzhū	쩐쮸
카드	卡	kǎ	카
카운터	柜台	guìtái	꾸이타이
토산품	土特产品	tǔtèchǎnpǐn	투터챤핀
판매원	售货员	shòuhuòyuán	셔우후어위엔
패션매장	服装店	fúzhuāngdiàn	푸쮸앙디엔
편의점	便利(商)店	biànlì(shāng)diàn	삐엔리(샹)디엔
포장	包装	bāozhuāng	빠오쮸앙
할인	打折扣,折扣	dǎzhékòu, zhékòu	다져커우, 져커우
할인가격	折扣价格,折价	zhékòujiàgé, zhéjià	져커우 지아꺼, 져지아
허리띠	腰带	yāodài	야오따이
현금	现金	xiànjīn	시엔진
환불	退款	tuìkuǎn	투이쿠안
흥정하다	讨价还价	tǎojiàhuánjià	타오지아 후안지아

모두 얼마예요?

一共多少钱?
Yígòng duōshao qián?

이꽁 뚜어샤오 치엔?

■ 300원입니다.

一共三百块钱。
Yígòng sānbǎi kuài qián.

이꽁 쌴바이 콰이 치엔

카드 되나요?

可以刷卡吗?
Kěyǐ shuākǎ ma?

커이 슈아카 마?

■ 여기 사인 부탁합니다.

请在这里签名。
Qǐng zài zhèlǐ qiānmíng.

칭 짜이 쩌리 치엔밍

더 깎아 주세요.

再便宜点儿吧。
Zài piányi diǎnr ba.

짜이 피엔이 디알 바

■ 정찰제입니다.

我们是不讲价的 / 不还价的。
Wǒmen shì bù jiǎngjià de / bù huánjià de.

워먼 스 뿌 지앙지아 더 / 뿌 후안지아 더

■ 많이 깎아드린 겁니다.

已经很便宜了。
Yǐjing hěn piányi le.
이징 헌 피엔이 러

그럼 200원에 해 주세요.

那么，二百块钱，可以吗？
Nàme, èrbǎi kuài qián, kěyǐ ma?
나머, 얼바이 콰이 치엔, 커이 마?

■ 더 이상은 안 됩니다.

不能再便宜了。
Bù néng zài piányi le.
뿌 넝 짜이 피엔이 러

따로따로 포장해 주세요.

请一个一个地分开包。
Qǐng yíge yíge de fēnkāi bāo.
칭 이거 이거 더 펀카이 빠오

이건 계산한 거예요.

这已经结好帐了。
Zhè yǐjing jié hǎo zhàng le.
쩌 이징 지에 하오 쨩 러

영수증 주세요.

我要发票。
Wǒ yào fāpiào.
워 야오 파피아오

쇼핑하기

115

면세품인가요?

是免税商品吗?
Shì miǎnshuì shāngpǐn ma?
스 미엔슈이 샹핀 마?

명품을 쇼핑하고 싶은데요.

我想买名品。
Wǒ xiǎng mǎi míngpǐn.
워 시앙 마이 밍핀

이 물건을 한국으로 부치고 싶은데요.

我要把这个寄到韩国。
Wǒ yào bǎ zhège jì dào Hánguó.
워 야오 빠 저거 지 따오 한구어

항공편으로 좀 부쳐주세요.

我要用空运寄去。
Wǒ yào yòng kōngyùn jìqù.
워 야오 용 콩윈 지취

수수료가 얼마죠?

手续费多少钱?
Shǒuxùfèi duōshao qián?
셔우쉬페이 뚜어샤오 치엔?

호텔까지 배달해 주실 수 있나요?

可以送到饭店里去吗?
Kěyǐ sòng dào fàndiànlǐ qù ma?
커이 쏭 따오 판디엔 취 마?

116

이거 반품되나요?

可以退吗?
Kěyǐ tuì ma?
커이 투이 마?

어제 / 아까 산 거예요.

是昨天 / 刚才买的。
Shì zuótiān / gāngcái mǎi de.
스 쭈어티엔 / 깡차이 마이 더

다른 물건으로 바꿔 주세요.

请给我换别的。
Qǐng gěiwǒ huàn biéde.
칭 게이워 후안 비에더

■ 영수증 갖고 계세요?

您有发票吗?
Nín yǒu fāpiào ma?
닌 여우 파피아오 마?

작동이 안 돼요. / 불량품이에요.

这个不启动了。/ 这是次品。
Zhège bù qǐdòng le. / Zhè shì cìpǐn.
쩌거 뿌 치똥 러 / 쩌 스 츠핀

■ 죄송합니다만, 이건 반품이 안 됩니다.

对不起, 不可以退货。
Duì bu qǐ, bù kěyǐ tuìhuò.
뚜이 부 치, 뿌 커이 투이후어

쇼핑하기

117

MP3 07-5

무엇을 찾으세요?

您要什么?
Nín yào shénme?

닌 야오 션머?

카메라 있어요? / 카메라를 좀 찾고 있는데요.

有照相机吗? / 我要买照相机。
Yǒu zhàoxiàngjī ma? / Wǒ yào mǎi zhàoxiàngjī.

여우 쨔오시앙지 마? / 워 야오 마이 쨔오시앙지

이건 일본산이에요?

是日本制造的吗?
Shì Rìběn zhìzàode ma?

스 르번 즈짜오더 마?

한국에서 서비스 받을 수 있어요?

在韩国也可以接受售后服务吗?
Zài Hánguó yě kěyǐ jiēshòu shòuhòu fúwù ma?

짜이 한구어 예 커이 지에셔우 셔우허우 푸우 마?

연락처를 알려 주세요.

请告诉我联系电话号码。
Qǐng gàosu wǒ liánxì diànhuà hàomǎ.

칭 까오쑤 워 리엔시 띠엔화 하오마

한국에서도 사용할 수 있어요?

在韩国使用, 没问题吗?
Zài Hánguó shǐyòng, méi wèntí ma?

짜이 한구어 스용, 메이 원티 마?

이거 면세되나요?

这个是免税的吗?

Zhège shì miǎnshuìde ma?

쩌거 스 미엔슈이더 마?

이건 어떤 기능이 있어요?

这个有什么功能?

Zhège yǒu shénme gōngnéng?

쩌거 여우 션머 꽁넝?

이건 별도 판매예요? 세트예요?

这是单件的还是一套的?

Zhè shì dānjiànde háishì yítàode?

쩌 스 딴지엔더 하이스 이타오더?

useful word

TV	电视机	diànshìjī	띠엔스지
냉장고	冰箱	bīngxiāng	삥시앙
휴대폰	手机	shǒujī	셔우지
부속품	零部件	língbùjiàn	링뿌지엔
A/S	售后服务	shòuhòu fúwù	셔우허우 푸우
중국산	中国制造	Zhōngguó zhìzào	쫑구어 쯔짜오
한국산	韩国制造	Hánguó zhìzào	한구어 쯔짜오
아이폰	苹果手机	píngguǒ shǒujī	핑구어 셔우지
이어폰	耳机	ěrjī	얼지
태블릿pc	平板电脑	píngbǎn diànnǎo	핑빤 띠엔나오
컴퓨터터치펜	电脑触摸笔	diànnǎo chùmōbǐ	띠엔나오 츄모삐

쇼핑하기

입어봐도 돼요?

可以试穿吗?
Kěyǐ shìchuān ma?

커이 스츄안 마?

요즘 어떤 스타일이 유행해요?

最近什么款式的服装最流行?
Zuìjìn shénme kuǎnshìde fúzhuāng zuì liúxíng?

쭈이진 션머 콴스더 푸쮸앙 쭈이 리우싱?

좀 크네요.

有点儿肥。
Yǒudiǎnr féi.

여우디알 페이

좀 더 작은 것으로 보여 주세요.

再小一点儿的，请给我看一下。
Zài xiǎo yìdiǎnrde, qǐng gěi wǒ kàn yíxià.

짜이 시아오 이디알 더, 칭 게이 워 칸 이시아

이게 맞네요.

这个比较合适。
Zhège bǐjiào héshì.

쩌거 비지아오 허스

손님께 아주 잘 어울리시네요.

这件衣服很配你。
Zhèjiàn yīfu hěn péi nǐ.

쩌지엔 이푸 헌 페이 니

헐렁헐렁하네요. / 너무 꽉 끼네요.

太肥了。/ 太瘦了。
Tài féi le. / Tài shòu le.
타이 페이 러 / 타이 셔우 러

너무 길어요. / 너무 짧아요.

太长了。/ 太短了。
Tài cháng le. / Tài duǎn le.
타이 챵 러 / 타이 두안 러

이건 좀…. (마음에 들지 않음)

这件有点儿…。
Zhèjiàn yǒudiǎnr….
쩌지엔 여우디알…

이것으로 할게요.

我要这个。
Wǒ yào zhège.
워 야오 쩌거

쇼핑하기

useful word			
치마	裙子	qúnzi	췬쯔
바지	裤子	kùzi	쿠쯔
셔츠(블라우스)	衬衫	chènshān	쳔샨
속옷	内衣	nèiyī	네이 이
양말	袜子	wàzi	와쯔
양복	西装	xīzhuāng	시쮸앙
청바지	牛仔裤	niúzǎikù	니우짜이쿠

🎧 MP3 **07-7**

이 책을 찾고 있는데요. (메모를 보여주면서)

我要找这本书。
Wǒ yào zhǎo zhèběn shū.

워 야오 쟈오 쩌번 슈

이런 책은 어디에 있어요?

这种书在哪儿?
Zhèzhǒng shū zài nǎr?

쩌죵 슈 짜이 날?

의학관련 책은 어디 있어요?

医学书籍在哪儿?
Yīxué shūjí zài nǎr?

이쉬에 슈지 짜이 날?

■ 여기서 계산하고 나서 올라가야 합니다. (다른 층으로 갈 때)

先在这儿付好钱，然后再上楼。
Xiān zài zhèr fù hǎo qián, ránhòu zái shànglóu.

시엔 짜이 쩔 푸 하오 치엔, 란허우 짜이 샹러우

■ 전부 40원입니다.

一共四十块钱
Yígòng sìshí kuài qián.

이꽁 쓰스 콰이 치엔

■ 10원 거슬러 드리겠습니다.

找你十块钱。
Zhǎo nǐ shí kuài qián.

쟈오 니 스 콰이 치엔

베스트셀러	畅销书	chàngxiāoshū	챵시아오슈
어린이도서	儿童书	értóngshū	얼통슈
외국어	外语	wàiyǔ	와이위
경제	经济	jīngjì	징지
단행본	单行本	dānxíngběn	딴싱번
만화	卡通, 漫画	kǎtōng, mànhuà	카통, 만화
미술	美术	měishù	메이슈
사진	图片	túpiàn	투피엔
소설	小说	xiǎoshuō	시아오 슈어
신간코너	新书	xīnshū	신슈
실용/취미	实用书, 爱好	shíyòngshū, àihào	스용슈, 아이하오
잡지	杂志	zázhì	짜즈
저자	作者	zuòzhě	쭈어져
출판사	出版社	chūbǎnshè	츄빤셔

쇼핑하기

Tip 중국최대의 대형서점 - 신화서점

서울에서 대형서점이라면 교보문고와 영풍문고를 꼽듯이 중국에서 대형서점을 꼽으라면 단연 신화서점을 꼽는다. 신화서점은 개방 이전부터 국영서점이라는 자부심을 가지고 있던 중국 최대의 대형서점이며 출판물 체인망이다. 따라서 중국에서 발행되는 거의 모든 책은 신화서점에서 찾아볼 수 있다고 해도 과언이 아니다.

홈페이지 www.xinhuashudian.cn

이거랑 같은 것 있어요?

有跟这个一样的吗?

Yǒu gēn zhège yíyàngde ma?

여우 껀 쩌거 이양더 마?

■ 그건 현재 판매되지 않고 있습니다.

对不起, 现在已经不卖那个了。

Duì bu qǐ, xiànzài yǐjing búmài nàge le.

뚜이 부 치, 시엔짜이 이징 뿌마이 나거 러

이거랑 비슷한 제품이 있으면 보여 주세요.

如果有类似的, 请给我看一下。

Rúguǒ yǒu lèisìde, qǐng gěi wǒ kàn yíxià.

루구어 여우 레이쓰더, 칭 게이 워 칸 이시아

향수 좀 보여 주세요.

请给我看一下香水。

Qǐng gěiwǒ kàn yíxià xiāngshuǐ.

칭 게이워 칸 이시아 시앙슈이

향수를 한 번 뿌려봐도 될까요?

可以喷一下香水吗?

Kěyǐ pēn yíxià xiāngshuǐ ma?

커이 펀 이시아 시앙슈이 마?

손님께는 이게 어울릴 것 같습니다.

我看, 这个比较适合您。

Wǒ kàn, zhège bǐjiào shìhé nín.

워 칸, 쩌거 비지아오 스허 닌

화장품	化妆品	huàzhuāngpǐn	화쭈앙핀
메이크업 베이스	粉底	fěndǐ	펀띠
파운데이션	粉底霜	fěndǐshuāng	펀띠슈앙
립스틱	口红	kǒuhóng	커우훙
선크림	防晒霜	fángshàishuāng	팡샤이슈앙
폼 클렌징	洗面奶	xǐmiànnǎi	시몐인나이
마스크팩	面膜	miànmó	미엔모
민감성피부	敏感皮肤	mǐngǎn pífū	민깐 피푸
지성피부	油性皮肤	yóuxìng pífū	여우싱 피푸
건성피부	干性皮肤	gānxìng pífū	깐싱 피푸

color

빨강　红色　hóngsè　홍써

주황　橘黄　júhuáng　쥐후앙

노랑　黄色　huángsè　황써

초록　绿色　lǜsè　뤼써

파랑　蓝色　lánsè　란써

남색　深蓝色　shēnlánsè　션란써

보라　紫色　zǐsè　쯔써

갈색　棕色　zōngsè　쫑써

회색　灰色　huīsè　후이써

분홍색　粉红色　fěnhóngsè　펀훙써

검정　黑色　hēisè　헤이써

■ 몇 사이즈 신발을 신으세요?

你穿多大号鞋？
Nǐ chuān duōdà hào xié?

니 츄안 뚜어따 하오 시에?

좀 더 큰 걸로 주세요.

再大一点的，请给我看一下。
Zài dà yìdiǎnde, qǐng gěi wǒ kàn yīxià.

짜이 따 이디엔더, 칭 게이 워 칸 이시아.

거울을 보여 주세요.

请拿镜子看一下。
Qǐng ná jìngzi kàn yíxià.

칭 나 징쯔 칸 이시아

你穿多大号鞋？

커요. / 작아요.

很大。/很小。
Hěn dà. / Hěn xiǎo.

헌 따 / 헌 시아오

딱 맞아요. / 안 편해요.

正合适。/不舒服。
Zhèng héshì. / Bù shūfu.

쩡 허스 / 뿌 슈푸

이 신발은 비에 젖어도 괜찮아요?

这种鞋被雨湿了也没关系吗？
Zhèzhǒng xié bèi yǔ shī le yě méi guānxi ma?

쩌종 시에 뻬이 위 스 러 예 메이 꾸안시 마?

126

지금 유행하고 있는 신발은 어느 것이에요?

现在最流行的鞋子是哪种?
Xiànzài zuì liúxíngde xiézi shì nǎzhǒng?

시엔짜이 쭈이 리우싱더 시에쯔 스 나죵?

작은 손가방을 찾고 있는데요.

我要买手提包。
Wǒ yào mǎi shǒutíbāo.

워 야오 마이 셔우티빠오

手提包(핸드백)	shǒutíbāo	셔우티빠오
书包(책가방)	shūbāo	슈빠오
购物袋儿(쇼핑백)	gòuwùdàir	꺼우 우딸
纸袋儿(종이가방)	zhǐdàir	즈딸
皮包(가죽가방)	píbāo	피빠오
手套(장갑)	shǒutào	셔우타오
帽子(모자)	màozi	마오쯔
领带夹(넥타이핀)	lǐngdàijiā	링따이지아
首饰(액세서리)	shǒushi	셔우스

Tip

중국에서는 바겐세일을 大减价(dàjiǎnjià 따지엔지아), 大廉价(dàliánjià 따리엔지아)라고 한다. 10% 할인은 打九折(dǎjiǔzhé 따지우져)라고 하는데 우리말 표현과는 반대이다.

이건 어느 브랜드 것이에요?

这是哪个品牌的?
Zhè shì nǎge pǐnpáide?

져 스 나거 핀파이더?

순금이예요?

是纯金吗?
Shì chúnjīn ma?

스 춴진 마?

세트로 얼마예요?

一套多少钱?
Yítào duōshao qián?

이타오 뚜어샤오 치엔?

이것 좀 보여 주세요.

请给我看一下这个。
Qǐng gěi wǒ kàn yíxià zhège.

칭 게이 워 칸 이시아 져거

다른 것도 보여 주세요.

给我看一下别的, 好吗?
Gěi wǒ kàn yíxià biéde, hǎoma?

게이 워 칸 이시아 비에더, 하오마?

선물이니까 포장 좀 해 주세요.

这是送人的, 你好好儿地给我包一下。
Zhè shì sòngrénde, nǐ hǎohāor de gěi wǒ bāo yíxià.

져 스 쏭런더, 니 하오하올 더 게이 워 빠오 이시아

이거 진짜예요?

这是真的吗?
Zhè shì zhēnde ma?

쪄 스 쩐더 마?

■ 18K / 14K / 도금 /화이트골드입니다.

是 18K / 14K / 镀金 / 铂金。
Shì shíbāK / shísìK / dùjīn / bójīn.

스 스빠 케이 / 스쓰 케이 / 뚜진 / 보진

짧게 해 주세요. (줄이 길 때)

给我把它剪短一点儿, 好吗?
Gěi wǒ bǎ tā jiǎnduǎn yìdiǎnr, hǎo ma?

게이 워 빠 타 지엔두안 이디알, 하오 마?

☆ 귀금속 관련용어

耳环(귀걸이)	戒指(반지)	项链(목걸이)	手镯(팔찌)
ěrhuán	jièzhǐ	xiàngliàn	shǒuzhuó
얼후안	지에즈	시앙리엔	셔우쥬어
脚链(발찌)	吊坠(팬던트)	链条(줄)	颗粒(알)
jiǎoliàn	diàozhuì	liàntiáo	kēlì
지아오리엔	띠아오쥬이	리엔티아오	커리

렌즈를 맞추려고 하는데요.

我要配隐形眼镜。
Wǒ yào pèi yǐnxíng yǎnjìng.

워 야오 페이 인싱 옌징

오른쪽 렌즈를 잃어버렸어요.

我把右眼的隐形眼镜丢了。
Wǒ bǎ yòuyǎnde yǐnxíng yǎnjìng diū le.

워 빠 여우옌더 인싱 옌징 띠우 러

■ 시력을 재야 합니다.

先验一下光。
Xiān yàn yíxià guāng.

시엔 옌 이시아 꾸앙

■ 잘 보이십니까?

看得清楚吗?
Kàn de qīngchu ma?

칸 더 칭츄마?

가격이 얼마나 될까요?

多少钱?
Duōshao qián?

뚜어샤오 치엔?

테는 이걸로 보여 주세요.

请让我看一下这个眼镜框。
Qǐng ràng wǒ kàn yíxià zhège yǎnjìngkuàng.

칭 랑 워 칸 이시아 쩌거 옌징쿠앙

■ 한 번 껴 보세요.

试戴一下。
Shì dài yíxià.
스 따이 이시아

■ 잘 안 보여요.

看得不太清楚。
Kàn de bútài qīngchu.
칸 더 뿌타이 칭츄

(안경을) 쓰니까 약간 어지러워요.

戴起来有点晕晕的。
Dài qǐlái yǒudiǎn yūnyūnde.
따이 치라이 여우디엔 윈윈더

렌즈 세척액도 주세요

给我隐形眼液。
Gěi wǒ yǐnxíng yǎnyè.
게이 워 인싱 옌예

useful word

식염수	护理液	hùlǐyè	후리예
안경렌즈	镜片	jìngpiàn	징피엔
렌즈케이스	隐形眼镜盒	yǐnxíngyǎnjìnghé	인싱옌징허
시력	视力	shìlì	스리
하드렌즈	硬性隐形眼镜	yìngxìng yǐnxíng yǎnjìng	잉싱 인싱 옌징
소프트렌즈	软性隐形眼镜	ruǎnxìng yǐnxíng yǎnjìng	루안싱 인싱 옌징
안경테	眼镜框	yǎnjìngkuàng	옌징쿠앙

쇼핑하기

131

주화건 음반은 어디 있어요?

周华建的专辑在哪儿?
Zhōuhuájiànde zhuānjí zài nǎr?
쩌우후아지엔더 쭈안지 짜이 날?

새로 나온 거예요?

是最新版的吗?
Shì zuì xīnbǎnde ma?
스 쭈이 신빤더 마?

지금 나오는 음악은 누구 거예요?

这首歌的歌手是谁?
Zhèshǒu gēde gēshǒu shì shéi?
쩌셔우 꺼더 꺼셔우 스 쉐이?

대중 가요 음반은 어느 쪽에 있어요?

流行音乐在哪儿?
Liúxíng yīnyuè zài nǎr?
리우싱 인위에 짜이 날?

지금 가장 인기있는 가수는 누구예요?

最近哪个歌手最受欢迎?
Zuìjìn nǎge gēshǒu zuì shòu huānyíng?
쭈이진 나거 꺼셔우 쭈이 셔우 후안잉?

들어볼 수 있어요?

可以试听一下吗?
Kěyǐ shìtīng yíxià ma?
커이 스팅 이시아 마?

08

은행우편

중국에서 일정 기간 이상 체류할 때는 꼭 방문하게 되는 곳이 은행입니다.
요즘 중국에서는 스마트폰 앱을 이용한 페이 결제가 대중화되어 있는데,
은행 계좌가 있어야 사용을 할 수 있답니다.

통장을 개설하고 싶은데요.

我要开帐户。
Wǒ yào kāi zhànghù.

워 야오 카이 쨩후

한국에서 왔습니다.

我是从韩国来的。
Wǒ shì cóng Hánguó lái de.

워 스 총 한구어 라이 더

한국에서 송금을 받아야 해요.

我想收到韩国来款。
Wǒ xiǎng shōudào Hánguó láikuǎn.

워 시앙 셔우따오 한구어 라이쿠안

■ 여기 양식에 기입해서 주세요.

填好表格再给我。
Tiánhǎo biǎogé zài gěi wǒ.

티엔하오 삐아오꺼 짜이 게이 워

이쪽으로 송금을 하고 싶은데요.

我要把钱汇到这里。
Wǒ yào bǎqián huì dào zhèli.

워 야오 빠치엔 후이 따오 쪄리

어디에서 환전을 합니까?

在哪儿换钱?
Zàinǎr huànqián?

짜이날 후안치엔?

6번 창구로 가세요.

请到六号窗口。
Qǐng dào liùhào chuāngkǒu.
칭 따오 리우하오 추앙커우

이거 중국돈으로 환전 좀 해 주세요.

请帮我换成人民币。
Qǐng bāng wǒ huànchéng Rénmínbì.
칭 빵 워 후안청 런민삐

여권 가지고 있습니까?

您有护照吗?
Nín yǒu hùzhào ma?
닌 여우 후짜오 마?

useful word

계좌번호	帐户号码	zhànghù hàomǎ
여권번호	护照号码	hùzhào hàomǎ
달러	美元	měiyuán
이자	利息	lìxī
도장	印章, 图章	yìnzhāng, túzhāng
인출하다	取款	qǔkuǎn
입금하다	存款	cúnkuǎn
비밀번호	帐户密码	zhànghù mìmǎ
주소	地址	dìzhǐ
수수료	手续费	shǒuxùfèi
통장	存款簿	cúnkuǎnbù

은행우편

🎧 MP3 08-2

이거, 한국으로 보내고 싶은데요.

我要把这个寄到韩国去。
Wǒ yào bǎ zhège jìdào Hánguó qù.

워 야오 빠 쩌거 지따오 한구어 취

항공편으로요 / 선편으로요 / EMS로요.

我要用空运 / 海运 / 国际特快专递去。
Wǒ yàoyòng kōngyùn / hǎiyùn / guójì tèkuài zhuāndì qù.

워 야오용 콩윈 / 하이윈 / 구어지 터쿠아이 쭈안띠 취

비용이 얼마죠?

多少钱？
Duōshao qián?

뚜어샤오 치엔?

오늘 부치면 언제 도착하죠?

今天寄的话，什么时候能到？
Jīntiān jì de huà, shénme shíhou néng dào?

진티엔 지 더 후아, 션머 스허우 넝 따오?

■ 내용물이 뭐죠?

里面有什么？
Lǐmiàn yǒu shénme?

리미엔 여우 션머?

책이에요.

里面有书。
Lǐmiàn yǒu shū.

리미엔 여우 슈

里面有什么？

☆ 우체국에서 필요한 말

우체국	邮局	yóujú	여우쥐
우체통	邮筒, 信箱	yóutǒng, xìnxiāng	여우통, 신시앙
집배원	邮递员	yóudìyuán	여우띠위엔
우편물	邮件, 信件	yóujiàn, xìnjiàn	여우지엔, 신지엔
편지	信	xìn	신
소포	包裹	bāoguǒ	빠오구어
택배	快递	kuàidì	콰이띠
편지지	信纸	xìnzhǐ	신즈
편지봉투	信封	xìnfēng	신펑
엽서	明信片	míngxìnpiàn	밍신피엔
우표	邮票	yóupiào	여우피아오
주소	地址	dìzhǐ	띠즈
우편번호	邮政编码	yóuzhèngbiānmǎ	여우쩡삐엔마
발신인	发件人	fājiànrén	파지엔런
수신인	收件人	shōujiànrén	셔우지엔런
보통우편	平信	píngxìn	핑신
빠른우편	快信	kuàixìn	콰이신
등기우편	挂号信	guàhàoxìn	꾸아하오신
EMS	邮政特快专递	yóuzhèng tèkuài chuándì	여우쩡 터콰이 추안띠

등기로 보내 주세요.

请寄挂号信。
Qǐng jì guàhàoxìn.

칭 지 꾸아하오신

보통 / 속달로 보내 주세요.

我要普通包裹 / 快递包裹。
Wǒ yào pǔtōng bāoguǒ / kuàidì bāoguǒ.

워 야오 푸통 빠오구어 / 콰이띠 빠오구어

기념우표 있어요?

有没有纪念邮票？
Yǒu méiyǒu jìniàn yóupiào?

여우 메이여우 지니엔 여우피아오?

그림엽서 주세요.

请给我明信片。
Qǐng gěi wǒ míngxìnpiàn.

칭 게이 워 밍신피엔

어느 용지에 쓰면 되나요?

填在哪里？
Tián zài nǎli?

티엔 짜이 나리?

작성법을 가르쳐 주세요.

麻烦您告诉我怎么填？
Máfan nín gàosu wǒ zěnme tián?

마판 닌 까오쑤 워 쩐머 티엔?

09

관광하기

여러분 마음속에 담아둔 중국 여행지는 어디인가요?
가장 즐거웠던 중국 관광지는 어디인지 알려주세요!

이 근처에서 놀만한 곳을 소개해 주세요.

请问，这附近有没有好玩儿的地方？
Qǐngwèn, zhè fùjìn yǒu méiyǒu hǎowánr de dìfang?

칭원, 쪄 푸진 여우 메이여우 하오왈 더 띠팡?

두 사람이면 비용이 얼마나 들까요?

两个人去大概需要多少钱？
Liǎngge rén qù dàgài xūyào duōshao qián?

량거 런 취 따까이 쉬야오 뚜어샤오 치엔?

단체로 같이 가고 싶은데요.

我想跟团体一起去旅游。
Wǒ xiǎng gēn tuántǐ yìqǐ qù lǚyóu.

워 시앙 껀 투안티 이치 취 뤼여우

당일치기로 다녀올 수 있나요?

那条路线一天就够了吗？
Nàtiáo lùxiàn yìtiān jiù gòu le ma?

나티아오 루시엔 이티엔 지우 꺼우 러 마?

어떤 코스가 있어요?

有什么路线？
Yǒu shénme lùxiàn?

여우 션머 루시엔?

어디를 구경하고 싶으세요?

你想去什么地方？
Nǐ xiǎng qù shénme dìfang?

니 시앙 취 션머 띠팡?

모두 얼마예요?

一共多少钱?
Yígòng duōshao qián?
이꽁 뚜어샤오 치엔?

입장료와 점심식사 포함입니까?

包括门票和午饭吗?
Bāokuò ménpiào hé wǔfàn ma?
빠오쿠어 먼피아오 허 우판 마?

자금성은 어떻게 가죠?

紫禁城怎么去?
Zǐjìnchéng zěnme qù?
쯔진청 쩐머 취?

useful word			
당일치기	一日游	yírìyóu	이르여우
1박2일	二日游	èrrìyóu	얼르여우
2박3일	三日游	sānrìyóu	싼르여우
가이드북	旅游指南	lǚyóu zhǐnán	뤼여우 즈난
지도	地图	dìtú	띠투
가이드	导游	dǎoyóu	따오여우
명승지	名胜古迹	míngshèng gǔjì	밍셩구지
박물관	博物馆	bówùguǎn	뽀우구안
기념관	纪念馆	jìniànguǎn	지니엔구안

🎧 MP3 09-2

유명한 명승고적이 어디에 있습니까?

哪儿有比较有名的名胜古迹?
Nǎr yǒu bǐjiào yǒumíng de míngshènggǔjì?

날 여우 삐지아오 여우밍 더 밍성꾸지?

저건 뭐죠?

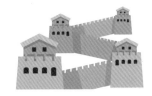

那是什么?
Nà shì shénme?

나 스 션머?

유명해요?

有名的吗?
Yǒumíng de ma?

여우밍 더 마?

입장권을 사야 하나요?

要买门票吗?
Yào mǎi ménpiào ma?

야오 마이 먼피아오 마?

■ 무료입니다.

是免费的。
Shì miǎnfèi de.

스 미엔페이 더

개관 / 폐관은 몇 시죠?

几点开门 / 闭门?
Jǐdiǎn kāimén / bìmén?

지디엔 카이먼 / 삐먼?

일요일에도 하나요?

星期天也不休息吗？
Xīngqītiān yě bù xiūxi ma?

싱치티엔 예 뿌 시우시 마?

입구가 어디죠?

门口在哪儿？
Ménkǒu zài nǎr?

먼커우 짜이 날?

한국에서 왔어요.

我是从韩国来的。
Wǒ shì cóng Hánguó lái de.

워 스 총 한구어 라이 더

회사 동료들과 / 혼자서 / 출장차

跟同事们一起 / 我一个人 / 是来出差的。
Gēn tóngshìmen yìqǐ / wǒ yíge rén / shì lái chūchāi de.

껀 통스먼 이치 / 워 이거 런 / 스 라이 츄차이 더

중국은 처음입니다.

我是第一次来中国。
Wǒ shì dì yícì lái Zhōngguó.

워 스 띠 이츠 라이 쫑구어

여러 번 왔어요.

来过好几次了。
Láiguo hǎo jǐcì le.

라이꾸어 하오 지츠 러

여기서 사진을 찍어도 되나요?

在这儿可不可以拍照?

Zài zhèr kě bù kěyǐ pāizhào?

짜이 쩔 커 부 커이 파이쟈오?

죄송하지만, 사진 좀 찍어 주실래요?

请帮我照一张相, 好吗?

Qǐng bāngwǒ zhào yìzhāng xiàng, hǎo ma?

칭 빵워 쟈오 이쨩 시앙, 하오 마?

여기를 누르기만 하면 됩니다.

按这儿就行。

Àn zhèr jiù xíng.

안 쩔 지우 싱

기념으로 같이 찍을까요?

跟我一起拍一张照片, 好不好?

Gēn wǒ yìqǐ pāi yìzhāng zhàopiàn, hǎo bu hǎo?

껀 워 이치 파이 이 쨩 쨔오피엔, 하오 뿌 하오?

이런 고장났군.

糟了。照相机坏了。

Zāo le. Zhàoxiàngjī huài le.

짜오 러. 쨔오시앙지 후아이 러

시내 지도를 한 장 얻고 싶습니다.

我要一张市区地图。

Wǒ yào yìzhāng shìqū dìtú.

워 야오 이쨩 스취 띠투

어디가 유명해요?

哪儿比较有名?
Nǎr bǐjiào yǒumíng?
날 비지아오 여우밍?

이화원에 가봤어요?

您去过颐和园吗?
Nín qùguo Yíhéyuán ma?
닌 취꾸어 이허위엔 마?

■ 거기에 가면 만수산을 볼 수 있어요.

到那儿可以看到万寿山。
Dào nàr kěyǐ kàndào Wànshòushān.
따오 날 커이 칸따오 완셔우샨

아뇨, 아직 안 가봤어요.

没有, 我还没去过。
Méiyǒu, wǒ háiméi qùguo.
메이여우, 워 하이메이 취꾸어

请在天安门广场停一下。

한번 가 보고 싶어요.

我想去看一下。
Wǒ xiǎng qù kàn yíxià.
워 시앙 취 칸 이시아

천안문 광장에 내려주세요.

请在天安门广场停一下。
Qǐng zài Tiān'ānmén guǎngchǎng tíng yíxià.
칭 짜이 티안안먼 꽝챵 팅 이시아

고궁 박물관이 어디 있죠?

故宫博物馆在哪儿?
Gùgōng bówùguǎn zài nǎr?
꾸꽁 뽀우꾸안 짜이 날?

입장권이 얼마죠?

门票多少钱?
Ménpiào duōshao qián?
먼피아오 뚜어샤오 치엔?

어른 2장, 어린이 1장 주세요.

两个大人, 一个小孩儿。
Liǎngge dàrén, yíge xiǎoháir.
량거 따런, 이거 시아오할

소개책자를 하나 가져도 됩니까?

我可以要一本介绍手册吗?
Wǒ kěyǐ yào yìběn jièshào shǒucè ma?
워 커이 야오 이뻔 지에샤오 셔우처 마?

이곳의 여행안내서를 원합니다.

我要一本这里的旅游指南。
Wǒ yào yìběn zhèlǐ de lǚyóu zhǐnán.
워 야오 이뻔 쩌리 더 뤼여우 즈난

이 안에 들어가도 됩니까?

可不可以进入这个建筑物?
Kě bu kěyǐ jìnrù zhège jiànzhùwù?
커 부 커이 진루 쩌거 지엔쭈우?

146

화장실이 어디에 있습니까?

洗手间在哪儿?

Xǐshǒujiān zài nǎr?

시셔우지엔 짜이 날?

기념품을 사려면 어디로 가야 하죠?

到哪儿去可以买这里的纪念品?

Dào nǎr qù kěyǐ mǎi zhèlǐ de jìniànpǐn?

따오 날 취 커이 마이 쪄리 더 지니엔핀?

길을 잃어버렸어요.

我迷路了, 怎么办?

Wǒ mǐlù le, zěnmebàn?

워 미루 러, 쩐머빤?

출구가 어디죠?

请问, 出口在哪儿?

Qǐngwèn, chūkǒu zài nǎr?

칭원, 츄커우 짜이 날?

Tip 베이징의 수도박물관

수도박물관은 베이징 지역의 역사와 다양한 예술 작품을 볼 수 있는 곳이다.
1981년에 정식으로 개장한 종합 박물관으로 지하 1층, 지상 6층으로 되어있다.
무료입장이나, 홈페이지나 현장에서 발권을 해야 한다. 홈페이지 예약을 위해
서는 여권번호가 필요하다. 월요일은 휴관이고, 입장시간은 9시~오후 5시까지
이며, 입장은 오후 4시 이전에 가능하다. 지하철 1호선을 타고 木樨地(무시디)
에서 하차해 도보로 이동하거나, 노선버스를 이용하면 된다. 부근에 대형쇼핑
몰이 있어서 쇼핑과 식사 등이 편리하다.

케이블카는 어디서 타죠?

到哪儿去可以坐缆车?
Dào nǎr qù kěyǐ zuò lǎnchē?

따오 날 취 커이 쭈어 란쳐?

생수 한 병 주세요.

我要一瓶矿泉水。
Wǒ yào yìpíng kuàngquánshuǐ.

워 야오 이핑 쿠앙취엔쉐이

어디에서 몇 시에 출발합니까?

在哪儿几点出发?
Zài nǎr jǐdiǎn chūfā?

짜이 날 지 디엔 츄파?

가이드를 구하려면 어떻게 해야 합니까?

我需要导游, 该怎么办才好?
Wǒ xūyào dǎoyóu, gāi zěnmebàn cái hǎo?

워 쉬야오 따오여우, 까이 쩐머빤 차이 하오?

이곳에서 담배를 피워도 됩니까?

在这儿可不可以吸烟?
Zài zhèr kě bu kěyǐ xīyān?

짜이 쪌 커 부 커이 시엔?

호텔로 돌아가고 싶습니다.

我想回饭店。
Wǒ xiǎng huí fàndiàn.

워 시앙 후이 판디엔

☆ 여행 중 길을 잃었을 때

길	路	lù	루
골목길	小巷	xiǎoxiàng	샤오시앙
입구	入口	rùkǒu	루커우
출구	出口	chūkǒu	츄커우
길을 묻다	问路	wènlù	원루
길을 잃다	迷路	mílù	미루
시내지도	市内地图	shìnèi dìtú	스네이 띠투
교통지도	交通地图	jiāotōng dìtú	지아오통 띠투
방향	方向	fāngxiàng	팡시앙
동서남북	东南西北	dōngnánxīběi	똥난시뻬이
위쪽	上边	shàngbiān	샹뻬엔
아래쪽	下边	xiàbiān	시아뻬엔
우회전	往右拐	wǎngyòuguǎi	왕여우꾸아이
좌회전	往左拐	wǎngzuǒguǎi	왕쭈어꾸아이
경찰서	公安局	gōng'ānjú	꽁안쥐
경찰	公安	gōng'an	꽁안

10

즐기기

여행 중에 영화나 연극 같은 문화 활동뿐만 아니라 야시장과 클럽처럼 밤문화를 경험해 보는 것도 색다른 경험이 될 것입니다. 각 지역의 대표적인 문화 컨텐츠나 공연장, 야시장 등을 미리 알아보고 기록해 두세요.

나이트클럽은 어디가 유명해요?

哪个夜总会比较有名?
Nǎge yèzǒnghuì bǐjiào yǒumíng?

나거 예쭝후이 비지아오 여우밍?

손님을 접대하기 좋은 곳은 어디입니까?

哪个地方比较适合接待客人?
Nǎge dìfang bǐjiào shìhé jiēdài kèrén?

나거 띠팡 비지아오 스허 지에따이 커런?

걸어서 갈 수 있나요?

可以走着去吗?
Kěyǐ zǒuzhe qù ma?

커이 쩌우져 취 마?

입장료는 얼마예요?

门票多少钱?
Ménpiào duōshao qián?

먼피아오 뚜어샤오 치엔?

1인당 얼마씩 내면 되죠?

一个人多少钱?
Yíge rén duōshao qián?

이거 런 뚜어샤오 치엔?

혼자 들어가도 돼요?

一个人也可以进去吗?
Yíge rén yě kěyǐ jìnqù ma?

이거 런 예 커이 진취 마?

어떤 쇼가 있어요?

有什么表演?
Yǒu shénme biǎoyǎn?

여우 션머 비아오옌?

이곳은 몇 시에 문 닫나요?

这里几点关门?
Zhèlǐ jǐ diǎn guānmén?

쩌리 지 디엔 꾸안먼?

술은 위스키 / 맥주로 주세요.

请给我拿来威示忌 / 啤酒。
Qǐng gěi wǒ nálái wēishìjì / píjiǔ.

칭 게이 워 나라이 웨이스지 / 피지우

Tip 베이징의 명동 – 왕푸징

베이징의 중심가 하면 단연 왕푸징 거리를 꼽을 수 있다. 베이징호텔에서 화교호텔까지 자리잡은 큰 대로에는 백화점들과 옷가게, 골동품 가게, 서점 등 쇼핑할 수 있는 다양한 장소가 있다. 밤에는 12시가 넘어서까지  영업하는 야시장이 있어서 베이징을 즐길 수 있는 곳이며, 늘 사람들로 북적거린다.

젊은 사람들이 즐겨찾는 클럽은 싼리툰이 있다. 싼리툰 바 거리라고 할 정도로 이국적인 노천카페와 바가 있으며, 밤에는 라이브 공연과 맥주를 즐기는 편안한 곳이 있다. 주변에 각국의 대사관이 위치하고 있어, 서양인들이 많이 찾는다. 스차하이와 더불어 베이징의 밤을 즐길 수 있는 곳이다.

이 호텔에 카지노 있어요?

这家饭店有没有赌场？
Zhèjiā fàndiàn yǒu méiyǒu dǔchǎng?
쩌지아 판디엔 여우 메이여우 뚜챵?

어떤 게임이 재미있어요?

哪种游戏比较有意思？
Nǎzhǒng yóuxì bǐjiào yǒu yìsi?
나즁 여우시 비지아오 여우 이쓰?

이건 어떻게 해요?

这个怎么玩儿？
Zhège zěnme wánr?
쩌거 쩐머 왈?

처음 해 봐요.

我是第一次玩儿。
Wǒ shì dì yícì wánr.
워 스 띠 이츠 왈

슬롯머신은 어디 있어요?

角子机在哪儿？
Jiǎozijī zài nǎr?
지아오쯔지 짜이 날?

칩 주세요.

请给我筹码。
Qǐng gěi wǒ chóumǎ.
칭 게이 워 쳐우마

154

칩을 현금으로 바꿔 주세요.

请把我的筹码换成现金。
Qǐng bǎ wǒ de chóumǎ huànchéng xiànjīn.

칭 빠 워 더 쳐우마 후안청 시엔진

당신이 이겼군요.

你赢了。
Nǐ yíngle.

니 잉러

내가 졌어요.

我输了。
Wǒ shūle.

워 슈러

그만할래요.

我不玩儿了。
Wǒ bù wánr le.

워 뿌 왈러

Tip 세계에서 가장 재미있는 게임

마작(麻将 májiàng)

중국인들 스스로 세계에서 가장 재미있는 게임이라고 하는 마작은 중국인이라면 누구나 할 줄 아는 게임이다. 4명이 함께 하는 게임이며, 명절에는 온가족이 모여서 2-3일씩 밤을 새가며 마작을 하기도 한다. 중국은 공식적으로 도박이 금지되어 있으나, 사설 도박장이 있고, 직장동료, 친구, 친지들 사이에 판돈을 작게 하여 즐기기도 한다. 지방마다 게임 방법에 약간의 차이가 있으나 한국인이 배우기에 큰 어려움은 없다.

🎧 MP3 10-3

두 장 주세요.

要两张票。
Yào liǎngzhāng piào.
야오 량짱 피아오

몇 시부터 하나요?

几点开始?
Jǐ diǎn kāishǐ?
지 디엔 카이스?

어떤 게 재미있나요?

哪个比较有意思?
Nǎge bǐjiào yǒu yìsi?
나거 비지아오 여우 이쓰?

연극공연 / 콘서트를 보고 싶어요.

我想看话剧 / 演唱会。
Wǒ xiǎng kàn huàjù / yǎnchànghuì.
워 시앙 칸 후아쮜 / 옌챵후이

경극을 보고 싶어요.

我想看京剧。
Wǒ xiǎng kàn jīngjù.
워 시앙 칸 징쮜

통역을 해 주나요?

有翻译服务吗?
Yǒu fānyì fúwù ma?
여우 판이 푸우 마?

■ 영어로 통역한 것을 이어폰으로 들을 수 있습니다.

戴耳机就可以听到英文翻译。
Dài ěrjī jiù kěyǐ tīngdào Yīngwén fānyì.

따이 얼지 지우 커이 팅따오 잉원 판이

내용을 잘 모르겠어요.

是什么内容, 我不太清楚。
Shì shénme nèiróng, wǒ bútài qīngchu.

스 션머 네이롱, 워 뿌타이 칭츄

무대가 화려하다.

舞台非常华丽。
Wǔtái fēicháng huálì.

우타이 페이챵 후아리

대사가 빠르다.

台词说得很快。
Táicí shuōde hěn kuài.

타이츠 슈어더 헌 콰이

Tip 베이징 오페라 - 경극

베이징의 대표적인 경극 공연장은 네 곳이 있다. 호광회관(湖广会馆)은 1807년에 건설된 경극공연장 겸 희극박물관이며, 이원극장(梨园剧场)은 대중적이고 외국인이 많이 찾는 극장이다. 매란방대극원(梅兰芳大剧院)은 경극의 대가인 메이란팡의 이름을 딴 극장으로 전통과 현대를 접목한 예술공연이 특징이다. 노사차관(老舍茶馆)은 중국의 극작가이자 소설가인 라오셔의 이름을 딴 찻집이자 극장이다. 경극 외 다양한 중국 전통공연을 경험할 수 있다.

매표소는 어디에 있어요?

售票处在哪儿?
Shòupiàochù zài nǎr?
셔우피아오츄 짜이 날?

표 있어요?

有没有票?
Yǒu méiyǒu piào?
여우 메이여우 피아오?

좋은 자리 남아 있어요?

有好的座位吗?
Yǒu hǎo de zuòwèi ma?
여우 하오 더 쭈어웨이 마?

3시 것 어른 두 장 주세요.

要三点的, 两个大人的。
Yào sāndiǎn de, liǎng ge dàrén de.
야오 싼 디엔 더, 리앙 거 따런 더

■ 1인석밖에 없어요.

只有单人座位。
Zhǐyǒu dānrén zuòwèi.
즈여우 딴런 쭈어웨이

■ 매진입니다.

票已经卖光了。
Piào yǐjīng màiguāng le.
피아오 이징 마이꾸앙 러

매표소	售票处	shòupiàochù	셔우피아오츄
영화티켓	电影票	diànyǐngpiào	띠엔잉피아오
영화관	电影院	diànyǐngyuàn	띠엔잉위엔
좌석	座位	zuòwèi	쭈어웨이
예약	预约	yùyuē	위위에
현장 티켓구매	现场购票	xiànchǎng gòupiào	시엔챵 꺼우피아오
더빙	配音	pèiyīn	페이인
영어자막	英文字幕	Yīngwén zìmù	잉원 쯔무
중국어자막	中文字幕	Zhōngwén zìmù	쫑원 쯔무
화장실	洗手间	xǐshǒujiān	시셔우지엔
팝콘	玉米花	yùmǐhuā	위미후아
코카콜라	可口可乐	kěkǒu kělè	커커우 커러

Tip 중국에서 영화관 체험하기

우리나라의 메가박스 CGV 같은 영화관이 중국에 진출해있다. 중국이니까 중국의 영화관을 체험해보는 것도 좋다. 매출 규모로 볼 때 제일 큰 영화관 체인은 완다 시네마라인(万达院线)이다. 중국 어느 지역에서나 찾을 수 있다. 중국은 3D영화가 많으며 3D 안경은 판매를 하는 경우가 많으므로 미리 확인을 해보는 것이 좋다. 티켓은 극장별로, 도시별로 시간별로, 영화별로 상이하기 때문에 위챗, 타오바오 등의 어플로 가격비교를 하고 예매하면 좋다. 초,중,고,대학생은 50% 할인을 받을 수 있고, 학생이 아니어도 위챗, 美团, 百度地图 등의 앱을 통해 예매하면 반값 정도의 금액으로 영화를 볼 수 있다.

축구를 보러 가고 싶은데요.

我想去看足球比赛。
Wǒ xiǎng qùkàn zúqiú bǐsài.

워 시앙 취칸 쭈치우 비싸이

지금 야구 시즌인가요?

现在是棒球季节吗?
Xiànzài shì bàngqiú jìjié ma?

시엔짜이 스 빵치우 지지에 마?

체조 경기를 보고 싶어요.

我想去看体操比赛。
Wǒ xiǎng qù kàn tǐcāo bǐsài.

워 시앙 취 칸 티차오 비싸이

몇 시부터 해요?

几点开始?
Jǐ diǎn kāishǐ?

지 디엔 카이스?

언제 끝나요?

几点结束?
Jǐ diǎn jiéshù?

지 디엔 지에슈?

입장표는 얼마예요?

门票多少钱?
Ménpiào duōshao qián?

먼피아오 뚜어샤오 치엔?

저 선수 이름이 뭐죠?

那位选手叫什么名字?
Nàwèi xuǎnshǒu jiào shénme míngzi?

나웨이 쉬엔셔우 지아오 션머 밍쯔?

경기장 입구가 어디죠?

比赛场入口在哪儿?
Bǐsàichǎng rùkǒu zài nǎr?

비싸이챵 루커우 짜이 날?

이것 가지고 들어가도 돼요?

这个可以带进去吗?
Zhège kěyǐ dài jìnqù ma?

쩌거 커이 따이 진취 마?

这个可以带进去吗?

useful word

수영	游泳	yóuyǒng	여우용
테니스	网球	wǎngqiú	왕치우
배드민턴	羽毛球	yǔmáoqiú	위마오치우
축구	足球	zúqiú	쭈치우
탁구	乒乓球	pīngpāngqiú	핑팡치우
배구	排球	páiqiú	파이치우
농구	篮球	lánqiú	란치우
야구	棒球	bàngqiú	빵치우
볼링	保龄球	bǎolíngqiú	빠오링치우
골프	高儿夫球	gāo'ěrfūqiú	까오얼푸치우
당구	台球	táiqiú	타이치우
스키	滑雪	huáxuě	후아쉬에

🎧 MP3 **10-6**

렌탈 되죠?

可以租滑雪用品吗？
Kěyǐ zū huáxuě yòngpǐn ma?
커이 쭈 후아쉬에 용핀 마?

초보자용은 어느 것을 타면 되요?

对初级水平的人，哪个比较合适？
Duì chūjí shuǐpíng de rén, nǎge bǐjiào héshì?
뚜이 츄지 슈이핑 더 런, 나거 비지아오 허스?

스키장갑은 구입하셔야 됩니다.

要购买滑雪手套。
Yào gòumǎi huáxuě shǒutào.
야오 꺼우마이 후아쉬에 셔우타오

스키 강습을 받고 싶어요.

我要接受滑雪培训。
Wǒ yào jiēshòu huáxuě péixùn.
워 야오 지에셔우 후아쉬에 페이쉰

야간은 몇 시까지죠?

晚上营业到几点？
Wǎnshang yíngyè dào jǐ diǎn?
완샹 잉예 따오 지 디엔?

리프트 이용권 주세요.

请给我一张滑雪缆车利用券。
Qǐng gěi wǒ yìzhāng huáxuě lǎnchē lìyòngquàn.
칭 게이 워 이짱 후아쉬에 란쳐 리용취엔

초보자용 스키장은 어디예요?

初级水平者在什么地方滑雪呢?
Chūjí shuǐpíngzhě zài shénme dìfang huáxuě ne?
츄지 슈이핑져 짜이 션머 디팡 후아쉬에 너?

호텔에서 스키장까지 얼마나 걸려요?

从饭店到滑雪场要多长时间?
Cóng fàndiàn dào huáxuěchǎng yào duōcháng shíjiān?
총 판디엔 따오 후아쉬에챵 야오 뚜어챵 스지엔?

보관함이 얼마예요?

租一个保管箱多少钱?
Zū yíge bǎoguǎnxiāng duōshao qián?
쭈 이거 빠오구안시앙 뚜어샤오 치엔?

갈아입는 데 / 식당 / 매점은 어디죠?

更衣室 / 餐厅 / 小卖部在哪儿?
Gēngyīshì / cāntīng / xiǎomàibù zàinǎr?
껑이스 / 찬팅 / 시아오마이뿌 짜이 날?

스키장갑	滑雪手套	huáxuěshǒutào	후아쉬에셔우타오
고글	滑雪镜	huáxuějìng	후아쉬에징
신발	滑雪鞋	huáxuěxié	후아쉬에시에
스키복	滑雪服	huáxuěfú	후아쉬에푸
스키	滑雪板	huáxuěbǎn	후아쉬에빤
귀마개	护耳	hù'ěr	후얼
리프트	升降椅	shēngjiàngyǐ	셩지앙이
스노우보드	单板滑雪	dānbǎnhuáxuě	딴빤후아쉬에

근처에 골프연습장 있어요?

附近有没有高尔夫训练场?
Fùjìn yǒu méiyǒu gāo'ěrfū xùnliànchǎng?

푸진 여우 메이여오 까오얼푸 쉰리엔챵?

골프를 하고 싶어요.

我想打高尔夫球。
Wǒ xiǎng dǎ gāo'ěrfūqiú.

워 시앙 따 까오얼푸치우

골프채를 빌리고 싶은데요.

我想租高尔夫球棒。
Wǒ xiǎng zū gāo'ěrfū qiúbàng.

워 시앙 쭈 까오얼푸 치우빵

모두 빌리는 데 얼마죠?

租赁费多少钱?
Zūlìnfèi duōshao qián?

쭈린페이 뚜어샤오 치엔?

물수건이 있어요?

有没有湿巾?
Yǒu méiyǒu shījīn?

여우 메이여우 스진?

스윙하는 방법을 가르쳐 주세요.

请告诉我挥杆法。
Qǐng gàosu wǒ huīgānfǎ.

칭 까오쑤 워 후이깐파

8. 게임센터

어디서 동전을 교환하죠?

在哪儿可以换零钱?

Zài nǎr kěyǐ huàn língqián?

짜이 날 커이 후안 링치엔?

한 번에 얼마를 넣어야 하죠?

玩儿一次投多少钱?

Wánr yícì tóu duōshao qián?

왈 이츠 터우 뚜어샤오 치엔?

저기요, 잠깐만요. (문제가 생겼을 때)

对不起, 请过来一下。

Duì bu qǐ, qǐng guòlái yíxià.

뚜이부치, 칭 꾸어라이 이시아

돈 넣어도 안 움직이는데요.

投了钱也不启动。

Tóu le qián yě bù qǐdòng.

터우 러 치엔 예 뿌 치똥

환전해 주시겠어요? (100위안 이상일 때)

请给我换零钱, 好吗?

Qǐng gěi wǒ huàn língqián, hǎo ma?

칭 게이 워 후안 링치엔, 하오 마?

전부 다 10위안짜리로 주세요.

我要10块钱的。

Wǒ yào shí kuài qián de.

워 야오 스콰이 치엔 더

즐기기

165

길에서 만나는 중국어 안내문

금연 **请勿吸烟** qǐngwùxīyān 칭우시옌

무단출입금지 **禁止无故出入** jìnzhǐ wúgù chūrù 진즈 우꾸 츄루

관계자 외 출입금지 **闲人莫入** xiánrén mò rù 시엔런 모루

화재발생시 엘리베이터 사용금지 **发现火情 禁止升电梯**

fāxiàn huǒqíng jìnzhǐ chēngdiàntī 파시엔 후어칭 진즈 쳥띠엔티

기대지 마세요 **请勿倚靠** qǐngwù yǐkào 칭우 이카오

뛰지 마세요 **请勿奔跑** qǐngwù bēnpào 칭우 뻔파오

멈추지 마세요 **请勿停留** qǐngwù tíngliú 칭우 팅리우

난간을 넘어가지 마세요 **请勿翻越栏杆**

qǐngwù fānyuélángān 칭우 판위에 란깐

장난치지 마세요 **请勿嬉戏打闹** qǐngwù xīxìdànào 칭우 시시 따나오

머리조심 **小心碰头** xiàoxīn pèngtóu 시아오신 펑터우

계단조심 **小心楼梯** xiàoxīn lóutī 시아오신 러우티

넘어짐주의 **小心摔倒** xiàoxīn shuāidào 시아오신 슈아이따오

미끄럼주의 **小心地滑** xiàoxīn dìhuá 시아오신 띠후아

인화물질 주의 **小心火烛** xiàoxīn huǒzhú 시아오신 후어쮸

소매치기 주의 **小心扒手** xiàoxīn bāshǒu 시아오신 빠셔우

손끼임 주의 **小心夹手** xiàoxīn jiāshǒu 시아오신 지아셔우

파손주의 **小心轻放易碎** xiàoxīn qīngfàng yìsuì 시아오신 칭팡 이쑤이

감전주의 **小心触电** xiàoxīn chùdiàn 시아오신 츄띠엔

11

친구사귀기

대부분의 중국 사람들은 타인에게 호감이 많고, 특히 외국인에게 관심을 많이 드러냅니다.
중국어로 자신을 소개해 보면 어떨까요?

안녕하세요. 만나서 반갑습니다.

你好! 见到你, 很高兴!
Nǐhǎo! Jiàn dào nǐ, hěn gāoxìng!
니하오! 지엔따오 니 헌 까오싱!

제 이름은 김미라입니다.

我叫金美罗。
Wǒ jiào Jīn Měiluó.
워 지아오 진 메이루어

저는 올해 24살입니다.

我今年24岁。
Wǒ jīnnián èr shí sì suì.
워 진니엔 얼 스 쓰 쑤이

저는 대학생 / 고등학생 / 회사원입니다.

我是大学生 / 高中生 / 上班族。
Wǒ shì dàxuéshēng / gāozhōngshēng / shàngbānzú.
워 스 따쉬에셩 / 까오쫑셩 / 샹빤쭈

저는 중국어를 잘 못해요.

我的汉语不太好。
Wǒ de Hànyǔ bú tài hǎo.
워 더 한위 뿌 타이 하오

중국어는 학원에서 두 달 배웠어요.

我在补习班学了两个月的汉语。
Wǒ zài bǔxíbān xué le liǎngge yuè de Hànyǔ.
워 짜이 뿌시빤 쉬에 러 량거 위에 더 한위

친구들과 / 가족들과 같이 왔어요.

我跟朋友们 / 家人一起来的。
Wǒ gēn péngyoumen / jiārén yìqǐ láide.

워 껀 펑여우먼 / 지아런 이치 라이더

출장차 왔어요.

我是出差来的。
Wǒ shì chūchāi láide.

워 스 츄차이 라이더

친구사귀기

初中生 (중학생)
chūzhōngshēng
츄쫑성

小学生 (초등학생)
xiǎoxuéshēng
시아오 쉬에셩

儿童 (어린아이)
értóng
얼통

家庭主妇 (가정주부)
jiātíng zhǔfù
지아팅 쥬푸

上班族 (직장인)
shàngbānzú
샹빤쭈

教师 (교사)
jiàoshī
지아오스

讲师 (강사)
jiǎngshī
지앙스

医生 (의사)
yīshēng
이셩

律师 (변호사)
lǜshī
뤼스

设计师 (디자이너)
shèjìshī
셔지스

个体户 (자영업)
gètǐhù
꺼티후

公务员 (공무원)
gōngwùyuán
꽁우 위엔

厨师 (요리사)
chúshī
츄스

美发师 (미용사)
měifàshī
메이파스

无业游民 (백수)
wúyèyóumín
우예여우민

模特儿 (모델)
mótèr
모털

军人 (군인)
jūnrén
쥔런

记者 (기자)
jìzhě
지쩌

소개하겠습니다. 이쪽은 제 와이프입니다.

我介绍一下, 这是我的太太。
Wǒ jièshào yíxià, zhè shì wǒ de tàitai.

워 지에샤오 이시아, 쪄 스 워 더 타이타이

■ 처음 뵙겠습니다. 잘 부탁드립니다.

初次见面, 很高兴! 请多多关照。
Chūcì jiànmiàn, hěn gāoxìng! Qǐng duō duō guānzhào!

츄 츠 지엔미엔, 헌 까오싱! 칭 뚜어뚜어 꾸안쨔오!

말씀 많이 들었습니다. 만나뵙게 되어 반갑습니다.

久仰久仰! 见到您, 很高兴!
Jiǔyǎng jiǔyǎng! Jiàn dào nín, hěn gāoxìng!

지우양 지우양! 지엔 따오 닌 헌 까오싱!

■ 만나뵙게 되어 저도 기쁩니다.

见到您, 我也很高兴!
Jiàn dào nín, wǒ yě hěn gāoxìng!

지엔 따오 닌, 워 예 헌 까오싱!

제 딸이에요.

这是我的女儿。
Zhè shì wǒ de nǚ'ér.

쪄 스 워 더 뉘얼

■ 따님이 아주 귀엽게 생겼네요.

您的女儿长的很可爱。
Nín de nǚ'ér zhǎng de hěn kě'ài.

닌 더 뉘얼 쟝 더 헌 커아이

친구사귀기

☆ 가족에 관한 말

가족	家人	jiārén	지아런
부모	父母	fùmǔ	푸무
남편	丈夫	zhàngfu	쨩푸
아내	太太	tàitai	타이타이
아들	儿子	érzi	얼쯔
딸	女儿	nǚ'ér	뉘얼
엄마	妈妈	māma	마마
아빠	爸爸	bàba	빠바
할아버지	爷爷	yéye	예예
할머니	奶奶	nǎinai	나이나이

실례지만 성함이 어떻게 되세요?

请问, 您贵姓?
Qǐngwèn, nín guì xìng?

칭원, 닌 꾸이 싱?

성은 김이고 이름은 미라입니다. / 김미라입니다.

我姓金, 名字叫美罗。 / 我叫金美罗。
Wǒ xìng Jīn, míngzi jiào Měiluó. / Wǒ jiào Jīn Měiluó.

워 싱 진, 밍쯔 지아오 메이루어 / 워 지아오 진 메이루어

학생이신가요?

你是学生吗?
Nǐ shì xuésheng ma?

니 스 쉬에셩 마?

네, 학생입니다. / 저는 학생이 아닙니다.

对, 我是学生。 / 我不是学生。
Duì, wǒ shì xuésheng. / Wǒ bú shì xuésheng.

뚜이, 워 스 쉬에셩 / 워 뿌 스 쉬에셩

나이를 여쭤봐도 될까요?

请问, 你多大年纪?
Qǐngwèn, nǐ duōdà niánjì.

칭원, 니 뚜어따 니엔지

올해 스물 네 살입니다.

我今年24岁。
Wǒ jīnnián èr shí sì suì.

워 진니엔 얼 스 쓰 쑤이

저랑 동갑이군요! / 제가 당신보다 한 살 위네요.

你和我是同岁！/ 我比你大一岁。
Nǐ hé wǒ shì tóngsuì! / Wǒ bǐ nǐ dà yí suì.
니 허 워 스 통쑤이! / 워 삐 니 따 이 쑤이

친구사귀기

띠가 뭐예요?

你属什么？
Nǐ shǔ shénme?
니 슈 션머?

소띠입니다.

我属牛。
Wǒ shǔ niú.
워 슈 니우

결혼하셨습니까?

你结婚了吗？
Nǐ jiéhūn le ma?
니 지에훈 러 마?

네, 결혼했습니다.

我结婚了。
Wǒ jiéhūn le.
워 지에훈 러

아직 안 했습니다.

我还没结婚。
Wǒ háiméi jiéhūn.
워 하이메이 지에훈

173

쥐
鼠 shǔ
슈

소
牛 niú
니우

호랑이
虎 hǔ
후

토끼
兔 tù
투

용
龙 lóng
롱

뱀
蛇 shé
셔

말
马 mǎ
마

양
羊 yáng
양

원숭이
猴 hóu
허우

닭
鸡 jī
지

개
狗 gǒu
꺼우

돼지
猪 zhū
쮸

174

12/22-01/20
염소자리
摩羯座
mójiézuò
모 지에쭈어

01/21-02/19
물병자리
水瓶座
shuǐpíngzuò
슈이핑쭈어

02/20-03/20
물고기자리
双鱼座
shuāngyúzuò
슈앙위쭈어

03/21-04/20
양자리
牧羊座
mùyángzuò
무양쭈어

04/21-05/21
황소자리
金牛座
jīnniúzuò
진니우쭈어

05/22-06/21
쌍둥이자리
双子座
shuāngzǐzuò
슈앙쯔쭈어

06/22-07/23
게자리
巨蟹座
jùxièzuò
쥐쉬에쭈어

07/24-08/23
사자자리
狮子座
shīzizuò
스쯔쭈어

08/24-09/23
처녀자리
处女座
chǔnǚzuò
츄뉘쭈어

09/24/-10/23
천칭자리
天秤座
tiānchèngzuò
티엔쳥쭈어

10/24-11/22
전갈자리
天蝎座
tiānxiēzuò
티엔시에쭈어

11/23-12/21
사수자리
射手座
shèshǒuzuò
셔셔우쭈어

175

댁이 어디세요?

你住哪儿?
Nǐ zhù nǎr?

니 쮸 날?

삼성동에 삽니다.

我住在三成洞。
Wǒ zhù zài Sānchéngdòng.

워 쮸 짜이 싼청똥

고향이 어디세요?

你老家在哪儿?
Nǐ lǎojiā zài nǎr?

니 라오지아 짜이 날?

我老家在釜山。

제 고향은 부산입니다.

我老家在釜山。
Wǒ lǎojiā zài Fǔshān.

워 라오지아 짜이 푸산

저와 커피라도 한 잔 하시겠어요?

我们一起喝一杯咖啡, 怎么样?
Wǒmen yìqǐ hē yìbēi kāfēi, zěnme yàng?

워먼 이치 허 이뻬이 카페이, 쩐머 양?

네, 그러죠 / 죄송합니다. 지금 시간이 없어요.

没问题。/ 对不起, 现在没有时间。
Méi wèntí. / Duì bu qǐ, xiànzài méiyǒu shíjiān.

메이 원티 / 뚜이 부 치, 시엔짜이 메이여우 스지엔

고궁에 가고 싶은데, 같이 가주실 수 있어요?

我想去故宫，你能陪我去吗？
Wǒ xiǎng qù Gùgōng, nǐ néng péi wǒ qù ma?
워 시앙 취 꾸꽁, 니 넝 페이 워 취 마?

네, 같이 가죠. / 다음에 가면 안 될까요?

没问题，咱们一起去吧。/ 改天可以吗？
Méi wèntí, zánmen yìqǐ qù ba. / Gǎitiān kěyǐ ma?
메이 원티, 짠먼 이치 취 바 / 까이티엔 커이 마?

전화번호를 알려 주세요.

请告诉我你的电话号码。
Qǐng gàosu wǒ nǐde diànhuà hàomǎ.
칭 까오쑤 워 니 더 띠엔후아 하오마

제 전화번호는 123-4567입니다.

我的电话号码是123-4567。
Wǒde diànhuà hàomǎ shì yāo èr sān sì wǔ liù qī.
워더 띠엔후아 하오마 스 야오 얼 싼 쓰 우 리우 치

이메일 주소를 알려 주세요.

请告诉我你的电子邮件地址。
Qǐng gàosu wǒ nǐde diànzi yóujiàn dìzhǐ.
칭 까오쑤 워 니 더 띠엔쯔 여우지엔 띠즈

abc@jplus114.com입니다.

是abcA圈儿jplus114点儿com。
Shì abc Aquānr jplus yāo yāo sì diǎnr com.
스 abc A취알 jplus 야오 야오 쓰 디알 com

177

12

업무출장

모든 일은 마음먹기에 달려 있다고 합니다.
부담스러운 회사 업무로 만나더라도
예의있게 최선을 다해 이야기하려고 노력하면, 좋은 결과가 있을 것입니다.

🎧 MP3 12-1

여보세요, 왕웨이 씨 계십니까?

喂，王伟先生在吗？
Wéi, Wáng Wěi xiānsheng zài ma?
웨이, 왕웨이 시엔셩 짜이 마?

■ 전데요, 누구시죠?

我是王伟。请问，您是哪一位？
Wǒ shì Wáng Wěi. Qǐngwèn, nín shì nǎ yíwèi?
워 스 왕웨이. 칭원, 닌 스 나 이웨이?

한국에서 온 김미라라고 합니다.

我是从韩国来的金美罗。
Wǒ shì cóng Hánguó láide Jīn Měiluó.
워 스 총 한구어 라이더 진 메이루어

prrr

■ 아, 안녕하세요! 지금 어디세요?

啊，你好，你好！你现在在哪儿？
Ā, nǐhǎo, nǐhǎo! Nǐ xiànzài zài nǎr?
아, 니하오, 니하오! 니 시엔짜이 짜이 날?

왕푸징의 베이징 호텔이에요.

我在王府井的北京饭店。
Wǒ zài Wángfǔjǐng de Běijīng fàndiàn.
워 짜이 왕푸징 더 베이징 판디엔

이쪽으로 와 주실 수 있나요?

你能过来吗？
Nǐ néng guòlái ma?
니 넝 꾸어라이 마?

왕웨이 씨 좀 바꿔 주시겠어요?

请王伟先生接电话。
Qǐng Wáng Wěi xiānsheng jiē diànhuà.

칭 왕웨이 시엔셩 지에 띠엔후아

■ 죄송합니다만, 지금 왕웨이 씨는 외출중이신데요.

对不起，王伟先生出去了。
Duì bu qǐ, Wáng Wěi xiānsheng chūqù le.

뚜이 부 치, 왕웨이 시엔셩 츄취 러.

몇 시쯤 들어오실까요?

请问，他几点能回来呢？
Qǐngwèn, tā jǐ diǎn néng huílái ne?

칭원, 타 지디엔 넝 후이라이 너?

■ 메시지를 남기시겠습니까?

您要留言吗？
Nín yào liúyán ma?

닌 야오 리우엔 마?

저는 김미라인데요. 베이징 호텔에 와 있다고 좀 전해 주세요.

我是金美罗。请转告他，我现在在北京饭店。
Wǒ shì Jīn Měiluó. Qǐng zhuǎngào tā, wǒ xiànzài zài Běijīng fàndiàn.

워 스 진 메이루어. 칭 쭈안까오 타, 워 시엔짜이 짜이 베이징 판디엔

그 분의 핸드폰 번호를 알려주시겠어요?

你能告诉我他的手机号码吗？
Nǐ néng gàosu wǒ tā de shǒujī hàomǎ ma?

니 넝 까오쑤 워 타 더 셔우지 하오마 마?

네, 제이플러스입니다.

你好。这是JPLUS。
Nǐ hǎo. Zhè shì JPLUS.

니 하오 쩌 스 JPLUS

실례지만, 누구십니까?

请问, 您是哪一位?
Qǐngwèn, Nín shì nǎ yíwèi?

칭원, 닌 스 나 이웨이?

왕웨이 씨는 외출중입니다 / 안 계십니다.

王伟先生出去了。/ 不在。
Wáng Wěi xiānsheng chūqù le. / Bú zài.

왕웨이 시엔성 츄취 러 / 부 짜이

잠시만 기다리세요.

请稍等一下。
Qǐng shāo děng yíxià.

칭 샤오 덩 이시아

전화 잘못 거셨어요.

你打错了。
Nǐ dǎ cuò le.

니 따 추어 러

죄송합니다. 제가 전화를 잘못 걸었네요.

对不起, 我打错了。
Duì bu qǐ, wǒ dǎ cuò le.

뚜이 부 치, 워 따 추어 러

182

☆ 전화에 관한 말

공중전화	共用电话	gōngyòng diànhuà	꽁용 띠엔후아
국제전화	国际电话	guójì diànhuà	꾸어지 띠엔후아
문자메세지	短信	duǎnxìn	뚜안신
음성메세지	语音短信	yǔyīn duǎnxìn	위옌 뚜안신
전화기	电话机	diànhuàjī	띠엔후아지
전화벨	电话铃	diànhuàlíng	띠엔후아링
전화를 걸다	打电话	dǎ diànhuà	따 띠엔후아
전화를 받다	接电话	jiē diànhuà	지에 띠엔후아
전화를 끊다	挂电话	guà diànhuà	꾸아 띠엔후아
전화벨이 울리다	响铃	xiǎnglíng	시앙링
전화번호	电话号码	diànhuà hàomǎ	띠엔후아 하오마
통화요금	电话费	diànhuàfèi	띠엔후아페이
통화중	占线	zhànxiàn	짠시엔
휴대전화	手机	shǒujī	셔우지

왕웨이 과장님을 뵙고 싶습니다. 3시에 뵙기로 약속했는데요.

我想见王伟科长。我约好了3点见面。

Wǒ xiǎng jiàn Wáng Wěi kēzhǎng. Wǒ yuē hǎo le sān diǎn jiànmiàn.

워 시앙 지엔 왕 웨이 커쟝 워 위에 하오 러 싼 디엔 지엔미엔

저는 한국에서 온 김명수라고 합니다.

我是从韩国来的金明秀。

Wǒ shì cóng Hánguó lái de Jīn Míngxiù.

워 스 총 한구어 라이 더 진 밍시우

■ 안녕하세요. 처음 뵙겠습니다.

您好! 初次见面。

Nín hǎo! Chūcì jiànmiàn.

닌 하오! 츄츠 지엔미엔

Jīn Míngxiù.

저는 김명수라고 합니다. 잘 부탁드립니다.

我是金明秀。请多多关照。

Wǒ shì Jīn Míngxiù. Qǐng duō duō guānzhào.

워 스 진 밍시우 칭 뚜어 뚜어 꾸안쨔오

이것은 제 작은 성의입니다.

这是我的小小心意。

Zhè shì wǒ de xiǎo xiǎo xīnyì.

쩌 스 워 더 시아오 시아오 신이

감사합니다.

谢谢!

Xièxie!

시에시에!

■ 길은 바로 찾으셨습니까?

路好找吗?
Lù hǎo zhǎo ma?

루 하오 쟈오 마?

그려주신 약도가 있으니 길 찾기가 쉽더군요.

有您画的地图, 找起来很方便。
Yǒu nín huà de dìtú, zhǎo qǐlái hěn fāngbiàn.

여우 닌 후아 더 띠투, 쟈오 치라이 헌 팡비엔

이 분이 저희 사장님입니다.

这位是我们的总经理。
Zhèwèi shì wǒmen de zǒngjīnglǐ.

쩌웨이 스 워먼 더 쫑징리

안녕하십니까. 말씀 많이 들었습니다.

您好! 久仰久仰!
Nín hǎo! Jiǔyǎng jiǔyǎng!

닌 하오! 지우양 지우양!

■ 만나뵙게 되어 기쁩니다.

见到您, 很高兴!
Jiàn dào nín, hěn gāoxìng!

지엔 따오 닌, 헌 까오싱!

앞으로 잘 부탁드리겠습니다.

以后请多多关照!
Yǐhòu qǐng duō duō guānzhào!

이허우 칭 뚜어 뚜어 꾸안쨔오!

우리의 신제품 / 샘플을 보여 드리겠습니다.

请看我们的新产品 / 样品。
Qǐng kàn wǒmen de xīn chǎnpǐn / yàngpǐn.

칭 칸 워먼 더 신 챤핀 / 양핀

이것이 전에 말씀드린 그 제품입니다.

这就是上次说过的产品。
Zhè jiùshì shàngcì shuōguo de chǎnpǐn.

쩌 지우스 샹츠 슈어구어 더 챤핀

이 제품은 아주 반응이 좋습니다.

这一产品很受欢迎。
Zhè yī chǎnpǐn hěn shòu huānyíng.

쩌 이 챤핀 헌 셔우 후안잉

■ 디자인이 아주 예쁘군요.

设计很好! / 很漂亮。
Shèjì hěn hǎo! / Hěn piàoliang.

셔지 헌 하오! / 헌 피아오리앙

■ 가격이 조금 비싸군요.

价格有点儿高。 / 有点儿贵。
Jiàgé yǒu diǎnr gāo. / Yǒu diǎnr guì.

지아꺼 여우 디알 까오 / 여우 디알 꾸이

가격은 최대한 맞춰 드리겠습니다.

尽量给你好的价格。
Jǐnliàng gěi nǐ hǎo de jiàgé.

진리앙 게이 니 하오 더 지아꺼

여기 견적서가 있습니다.

这是估价单。
Zhè shì gūjiàdān.

쩌 스 꾸지아딴

■ 견적이 좀 높게 나왔군요.

估价有点儿高。
Gūjià yǒudiǎnr gāo.

꾸지아 여우디알 까오

■ 할인해 주실 수 없습니까?

能不能给折扣?
Néng bunéng gěi zhékǒu?

넝 뿌넝 게이 쩌커우?

그것은 좀 곤란합니다. / 좋습니다. 그럼 5% 할인해 드리겠습니다.

那有点儿困难。/ 好吧, 那给5%的折扣。
Nà yǒudiǎnr kùnnan. / Hǎo ba, nà gěi bǎi fēn zhī wǔ de zhékǒu.

나 여우디알 쿤난 / 하오 바, 나 게이 빠이 펀 즈 우 더 져커우

■ 3,000개 주문하겠습니다.

我订购三千个。
Wǒ dìnggòu sān qiān ge.

워 띵꺼우 싼 치엔 거

여기에 싸인해 주십시오.

请在这儿签名。
Qǐng zàizhèr qiānmíng.

칭 짜이쪄얼 치엔밍

업무+출장

이 책의 판권을 사고 싶습니다.

我想买这本书的版权。
Wǒ xiǎng mǎi zhèběn shū de bǎnquán.

워 시앙 마이 쩌번 슈 더 빤취엔

■ 죄송합니다. 이 책은 이미 판권 계약이 되었습니다.

对不起。这本书已经签好了版权合同。
Duì bu qǐ. Zhèběn shū yǐjīng qiān hǎo le bǎnquán hétong.

뚜이 부 치. 쩌번 슈 이징 치엔 하오 러 빤취엔 허통

이 전집(시리즈)은 모두 몇 권짜리입니까?

这套书共有多少本？
Zhètào shū gòngyǒu duōshao běn?

쩌타오 슈 꽁여우 뚜어샤오 뻔?

이 책을 한국에서 출판하고 싶습니다.

这本书我想在韩国出版。
Zhèběn shū wǒ xiǎng zài Hánguó chūbǎn.

쩌번 슈 워 시앙 짜이 한구어 츄빤

견본을 주실 수 있습니까?

你能给我样品吗？
Nǐ néng gěi wǒ yàngpǐn ma?

니 넝 게이 워 양핀 마?

이건 제 명함입니다. 연락 주십시오.

这是我的名片。请跟我联系。
Zhè shì wǒ de míngpiàn. Qǐng gēn wǒ liánxì.

쩌 스 워 더 밍피엔. 칭 껀 워 리엔시

자세한 것은 에이전시를 통해 연락드리겠습니다.

具体项目通过代理商跟你联系。
Jùtǐ xiàngmù tōngguò dàilǐshāng gēn nǐ liánxì.
쥐티 시앙무 통꾸어 따이리샹 껀 니 리엔시

꼭 계약이 성사되기를 바랍니다.

希望我们的合同一定做成。
Xīwàng wǒmen de hétong yídìng zuòchéng.
시왕 워먼 더 허통 이띵 쭈어청

이 책을 수입해서 팔고 싶습니다.

我想把这本书进口后出版。
Wǒ xiǎng bǎ zhèběn shū jìnkǒu hòu chūbǎn.
워 시앙 빠 쩌뻔 슈 진커우 허우 츄빤

저희는 아동물 전문 출판사입니다.

我们是儿童书出版社。
Wǒmen shì értóngshū chūbǎnshè.
워먼 스 얼통슈 츄빤셔

귀사 도서에 관심이 있습니다.

我们对贵出版社的书籍很有兴趣。
Wǒmen duì guì chūbǎnshè de shūjí hěn yǒu xìngqù.
워먼 뚜이 꾸이 츄빤셔 더 슈지 헌 여우 싱취

주로 아동물 / 어학 / 소설 / 실용서를 내고 있습니다.

我们主要出版儿童书 / 外语教材 / 小说 / 使用书籍。
Wǒmen zhǔyào chūbǎn / értóngshū /wàiyǔ / jiàocái /xiǎoshuō / shíyòngshūjí.
워먼 쥬야오 츄빤 얼통슈 / 와이위 /지아오차이 / 시아오슈어 /스용슈지

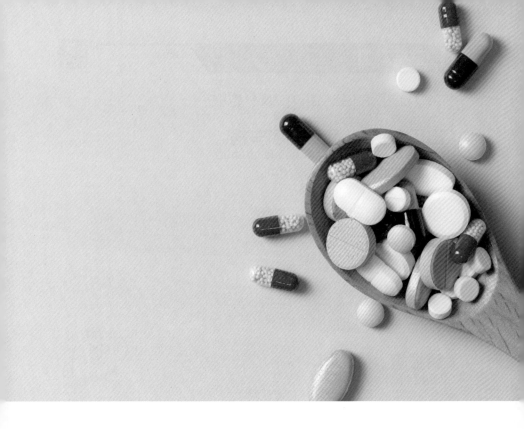

13

트러블

외국에서 일어나지 않기를 희망하는 트러블 상황입니다.
부득불 맞닥뜨린 여러 상황에서 필요한 말을 담았습니다.

교통사고가 났어요. / 교통사고를 당했어요.

出了车祸。/ 我遭到了车祸。
Chū le chēhuò! / Wǒ zāodào le chēhuò!
츄 러 쳐후어! / 워 짜오따오 러 쳐후어

차에 부딪혔어요.

我撞了车了。
Wǒ zhuàng le chē le.
워 쮸앙 러 쳐 러

경찰을 불러 주세요.

请报警。
Qǐng bàojǐng.
칭 빠오징

구급차를 불러 주세요.

请叫救护车。
Qǐng jiào jiùhùchē.
칭 지아오 지우후쳐

사진을 찍어 두겠습니다.

我拍照。
Wǒ pāizhào.
워 파이짜오

저는 위반하지 않았습니다.

我没有违章。
Wǒ méiyǒu wéizhāng.
워 메이여우 웨이쨩

☆ 자동차 사고 관련용어

가해자	肇事者	zhàoshìzhě	쨔오스져
견인차	牵引车	qiānyǐnchē	치엔인쳐
교통사고	车祸	chēhuò	쳐후어
목격자	目击者	mùjīzhě	무지쪄
무면허운전	无证驾驶	wúzhèng jiàshǐ	우쩡 지아스
벌금	罚款	fákuǎn	파쿠안
보험처리	保险索赔	bǎoxiǎn suǒpéi	빠오시엔 쑤어페이
뺑소니	逃跑	táopǎo	타오파오
속도위반	超速违章	chāosù wéizhāng	챠오쑤 웨이쟝
신호위반	闯红灯	chuǎng hóngdēng	츄앙 홍떵
안전거리 유지	保持车距	bǎochí chējù	바오츠 쳐쮜
음주운전	酒后驾驶	jiǔhòu jiàshǐ	지우허우 지아스
주정차위반	违章停车	wéizhāng tíngchē	웨이쨩 팅쳐
피해자	受害人	shòuhàirén	셔우하이런
합의	协商	xiéshāng	시에샹
합의금	协商金	xiéshāngjīn	시에샹진

트러블

Tip 중국에서 교통사고가 났을 때는?

언어소통이 어려워 자신도 모르게 가해자로 오인될 수도 있으므로 일단 사고
가 나면 즉시 사고 상황을 사진이나 동영상을 찍어 두거나 사고현장을 정확히
보존해 두는 것이 좋다. 조치를 취한 후 교통사고를 신고한다. 신고번호는 122.
일단 교통사고가 발생하면 현지의 한국공관에 연락하여 협조를 받는 것이 좋
다.

■ 어디가 아프세요?

你哪儿不舒服?
Nǐ nǎr bù shūfu.
니 날 뿌 슈푸

감기에 걸렸어요.

我感冒了。
Wǒ gǎnmào le.
워 깐마오 러

열이 나요.

我发烧。
Wǒ fāshāo.
워 파샤오

기침을 해요.

我咳嗽。
Wǒ késou.
워 커써우

목이 아파요.

喉咙疼。
Hóulóng téng.
허우롱 텅

다리를 삐었어요.

扭脚了。
Niǔ jiǎo le.
니우 지아오 러

배가 아파요.

肚子疼。
Dùzi téng.
뚜쯔 텅

가려워요.

发痒。
Fāyǎng.
파양

뜨거운 물에 데였어요.

我给热水烫了。
Wǒ gěi rèshuǐ tàng le.
워 게이 러쉐이 탕 러

트러블

생리중 / 임신중이에요.

来例假了。/ 我怀孕了。
Lái lìjià le. / Wǒ huáiyùn le.
라이 리지아 러 / 워 후아이윈 러

토할 것 같아요.

我想呕吐。
Wǒ xiǎng ǒutù.
워 시앙 어우투

처방전을 주세요.

请开处方。
Qǐng kāi chùfāng.
칭 카이 츄팡

🎧 MP3 13-3

■ 보험증을 가지고 왔습니까?

带医疗保险证了吗?
Dài yīliáo bǎoxiǎnzhèng le ma?
따이 이랴오 빠오시엔쩡 러 마?

외국사람입니다.

我是外国人。
Wǒ shì wàiguórén.
워 스 와이구어런

■ 수술해야 합니다.

需要做手术。
Xūyào zuò shǒushù.
쉬야오 쭈어 셔우슈

언제 퇴원할 수 있죠?

什么时候可以出院?
Shénme shíhou kěyǐ chūyuàn?
선머 스허우 커이 츄위엔?

■ 입원절차를 밟아 주세요.

请做住院手续。
Qǐng zuò zhùyuàn shǒuxù.
칭 쭈어 쮸위엔 셔우쉬

한국어를 할 수 있는 분 계십니까?

有会讲韩国语的人吗?
Yǒu huì jiǎng Hánguóyǔ de rén ma?
여우 후이 지앙 한구어위 더 런 마?

■ 상용하는 약이 있습니까?

你平时吃什么药吗?
Nǐ píngshí chī shénme yào ma?

니 핑스 츠 션머 야오 마?

■ 평소 앓고 있는 병이 있습니까?

你平时患有什么病吗?
Nǐ píngshí huàn yǒu shénme bìng ma?

니 핑스 후안 여우 션머 삥 마?

저는 알레르기 체질이에요.

我有过敏。
Wǒ yǒu guòmǐn.

워 여우 꾸어민

저혈압 / 고혈압이에요.

我是低血压 / 高血压。
Wǒ shì dīxuèyā / gāoxuèyā.

워 스 띠쉬에야 / 까오쉬에야

빈혈이 있어요.

我是贫血症。
Wǒ yǒu pínxuèzhèng.

워 여우 핀쉬에쩡

관절 / 기관지 / 심장 / 위 / 간이 안 좋아요.

我的关节 / 气管 / 心脏 / 胃 / 肝不好。
Wǒ de guānjié / qìguǎn / xīnzàng / wèi / gān bùhǎo.

워 더 꾸안지에 / 치꾸안 / 신짱 / 웨이 / 깐 뿌하오

트러블

내과	内科	nèikē	네이커
방사선과	放射科	fàngshèkē	팡셔커
산부인과	妇产科	fùchǎnkē	푸챤커
소아과	儿科	érkē	얼커
신경외과	神经外科	shénjīng wàikē	션징 와이커
안과	眼科	yǎnkē	옌커
외과	外科	wàikē	와이커
이비인후과	耳鼻喉科	ěrbíhóukē	얼삐허우커
정형외과	整形外科	zhěngxíng wàikē	졍싱 와이커
치과	牙科	yákē	야커
피부과	皮肤科	pífūkē	피푸커
링거를 맞다	打点滴	dǎ diǎndī	따 디엔띠
마취	麻醉	mázuì	마쭈이
맥박을 재다	号脉	hàomài	하오마이
소변검사	验尿	yànniào	옌니아오
수술하다	开刀, 动手术	kāidāo, dòng shǒushù	
		카이따오, 똥 셔우슈	
약을 짓다	开药	kāiyào	카이야오
엑스레이 촬영을 하다			
	拍片子	pāi piànzi	파이 피엔쯔
응급실	急诊室	jízhěnshì	지쩐스
주사 맞다	打针	dǎzhēn	따쩐

고혈압	高血压	gāoxuèyā	까오 쉬에야
골절	骨折	gǔzhé	꾸쩌
관절염	关节炎	guānjiéyán	꾸안지에이엔
뇌졸중	脑卒中	nǎozúzhōng	나오쭈쫑
류마티스	风湿病	fēngshībìng	펑스삥
맹장	阑尾病	lánwěibìng	란웨이삥
변비	便秘	biànmì	삐엔미
빈혈	贫血	pínxuè	핀쉬에
설사	拉肚子	lā dùzi	라 뚜쯔
쇼크	休克	xiūkè	시우커
신경통	神经痛	shénjìngtòng	션징통
암	癌症	áizhèng	아이쩡
에이즈	艾滋病	àizībìng	아이쯔삥
영양결핍	营养缺乏	yíngyǎng quēfá	잉양 취에파
위염	胃炎	wèiyán	웨이옌
일사병	日射病	rìshèbìng	르셔삥
저혈압	低血压	dīxuèyā	띠 쉬에야
중독	中毒	zhòngdú	쫑뚜
중이염	中耳炎	zhōng'ěryán	쫑얼옌
천식	哮喘	xiàochuǎn	시아오 츄안
축농증	鼻渊	bíyuān	삐 위엔
치질	痔疮	zhìchuāng	쯔 츄앙
폐렴	肺炎	fèiyán	페이옌

4. 분실·신고

지갑을 잃어버렸어요.

我钱包丢了。
Wǒ qiánbāo diū le.
워 치엔빠오 띠우 러

가방을 도둑 맞았어요.

我的包被偷了。
Wǒ de bāo bèitōu le.
워 더 빠오 뻬이터우 러

지갑을 소매치기 당했어요.

我的钱包被扒手偷走了。
Wǒ de qiánbāo bèi páshǒu tōuzǒu le.
워 더 치엔빠오 뻬이 파셔우 터우쩌우 러

■ 어디서 잃어버렸어요?

你在哪儿丢的？
Nǐ zài nǎr diū de?
니 짜이 날 띠우 더?

아마도 백화점에서 / 전철에서 / 서점에서 / 식당에서.

大概在百货公司 / 地铁 / 书店 / 餐厅丢的。
Dàgài zài bǎihuògōngsī / dìtiě / shūdiàn / cāntīng diū de.
따까이 짜이 빠이후어꽁쓰 / 띠티에 / 슈디엔 / 찬팅 띠우 더

모르겠어요.

不知道。
Bù zhīdào.
뿌 즈따오

전철에 가방을 두고 내린 것 같아요.

好像把包放在地铁里了。
Hǎoxiàng bǎbāo fàngzài dìtiě lǐ le.

하오시앙 빠빠오 팡짜이 띠티에 리 러

분실물센터는 어디에 있어요?

请问, 失物招领办公室在哪儿?
Qǐngwèn, shīwù zhāolǐng bàngōngshì zài nǎr?

칭원, 스우 쨔오링 빤꿍스 짜이 날?

가방을 잃어버렸는데 찾을 수 있을까요?

我丢包了, 能找到吗?
Wǒ diūbǎo le, néng zhǎodào ma?

워 띠우빠오 러, 넝 쨔오따오 마?

아, 이거예요. 감사합니다.

啊, 是这个。谢谢!
Ā, shì zhège. Xièxie!

아, 스 쩌거 시에시에!

트러블

🎧 MP3 13-5

아이가 없어졌어요.

我的孩子不见了。
Wǒ de háizi bújiàn le.
워 더 하이쯔 뿌지엔 러

신고해 주세요. / 방송해 주세요.

请报警。请播送。
Qǐng bàojǐng / Qǐng bōsòng.
칭 빠오징 / 칭 뽀쏭

5살된 여자아이예요.

是5岁的女孩子。
Shì wǔ suì de nǚháizi.
스 우 쑤이 더 뉘하이쯔

그림을 그려 드릴게요.

我给你画一下。
Wǒ gěi nǐ huà yíxià.
워 게이 니 후아 이시아

빨간색 윗옷에 파란색 바지를 입었어요.

她穿红色上衣和蓝色裤子。
Tā chuān hóngsè shàngyī hé lánsè kùzi.
타 츄안 홍써 샹이 허 란써 쿠쯔

찾았어요?

找到了吗?
Zhǎodào le ma?
짜오따오 러 마?

여권을 잃어버렸어요.

我护照丢了。
Wǒ hùzhào diū le.
워 후쨔오 띠우 러

한국대사관 전화번호가 몇 번이죠?

请问, 韩国大使馆电话号码是多少?
Qǐngwèn, Hánguó dàshǐguǎn diànhuà hàomǎ shì duōshao?
칭원, 한구어 따스구안 띠엔후아 하오마 스 뚜어샤오?

신고해 주세요.

请报警。
Qǐng bàojǐng.
칭 빠오징

여권을 재발급해 주세요.

请再发给我护照。
Qǐng zài fāgěi wǒ hùzhào.
칭 짜이 파게이 워 후쨔오

얼마나 걸릴까요?

需要多长时间?
Xūyào duōcháng shíjiān?
쉬야오 뚜어챵 스지엔?

사진이 없는데, 근처에 사진관 있어요?

我没有照片, 附近有照相馆吗?
Wǒ méiyǒu zhàopiàn, fùjìn yǒu zhàoxiàngguǎn ma?
워 메이여우 쨔오피엔, 푸진 여우 쨔오시앙꾸안 마?

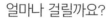

트러블

🎧 MP3 13-7

길을 잃어버렸어요.

我迷路了。
Wǒ mílù le.

워 미루 러

역까지 어떻게 갑니까?

请问，到车站怎么走?
Qǐngwèn, dào chēzhàn zěnme zǒu.

칭원, 따오 쳐짠 쩐머 쩌우

저는 왕푸징에 있는 베이징 호텔에 머물고 있어요.

我住在王府井的北京饭店。
Wǒ zhùzài Wángfǔjǐng de Běijīng fàndiàn.

워 쮸짜이 왕푸징 더 베이징 판디엔

(택시를 타고) 왕푸징의 베이징 호텔까지 가 주세요.

请到王府井的北京饭店。
Qǐng dào Wángfǔjǐng de Běijīng fàndiàn.

칭 따오 왕푸징 더 베이징 판디엔

파출소가 어디예요?

派出所在哪儿?
Pàichūsuǒ zài nǎr?

파이츄쑤어 짜이 날?

요금은 도착한 후에 드려도 될까요?

到达后支付车费，可以吗?
Dàodá hòu zhīfù chēfèi, kěyǐ ma?

따오따 허우 즈푸 쳐페이, 커이 마?

사실은 지갑을 소매치기 당했거든요.

其实，我的钱包被偷了。
Qíshí, wǒ de qiánbāo bèi tōu le.
치스, 워 더 치엔빠오 뻬이터우 러

죄송하지만, 호텔까지 데려다 주세요.

对不起，请带我到饭店。
Duì bu qǐ, qǐng dàiwǒ dào fàndiàn.
뚜이 부 치, 칭 따이워 따오 판디엔

저기요, 여기가 어딘지 좀 가르쳐 주세요.

请问，这里是什么地方？
Qǐngwèn, zhèlǐ shì shénme dìfang?
칭원, 쩌리 스 션머 띠팡?

"큰 복"이라고 쓰여진 건물이 있어요.

有写上"大福"的楼。
Yǒu xiěshàng "dàfú"de lóu.
여우 시에샹 "따푸"더 러우

트러블

여기서 우체국이 보여요.

在这儿能看见邮局。
Zài zhèr néng kànjiàn yóujú.
짜이 쩔 넝 칸지엔 여우쮜

이쪽으로 나와 주실 수 있나요?

你能来这儿接我吗？
Nǐ néng lái zhèr jiē wǒ ma?
니 넝 라이 쩔 지에 워 마?

도와 주세요.

能帮帮我吗?
Néng bāngbang wǒ ma?

넝 빵빵 워 마?

빨리요.

快点儿。
Kuài diǎnr.

쿠아이 디알

서둘러 주세요.

赶紧点儿。
Gǎnjǐn diǎnr!

깐진 디알!

급해요.

很急!
Hěn jí!

헌 지!

소매치기예요!

抓小偷!
Zhuā xiǎotōu!

쮸아 시아오터우!

강도예요!

抓强盗!
Zhuā qiángdào!

쮸아 치앙따오!

경찰을 불러 주세요.

请报警。
Qǐng bàojǐng.
칭 빠오징

불이 났어요.

着火了!
Zháohuǒ le!
쨔오후어 러!

지진입니다!

地震了!
Dìzhèn le!
띠쩐 러!

사람이 다쳤어요.

有人受伤了。
Yǒurén shòushāng le.
여우런 셔우샹 러

사람이 쓰러졌어요 / 기절했어요 / 피를 흘려요.

有人倒在地上了 / 昏倒了 / 流血了。
Yǒurén dǎozài dìshàng le / hūndǎo le / liúxiě le.
여우런 따오짜이 띠샹 러 / 훈따오 러 / 리우시에 러

아이가 물에 빠졌어요.

孩子溺水了。
Háizi nìshuǐ le.
하이쯔 니슈이 러

바가지를 썼어요.

我吃亏了。
Wǒ chīkuī le.
워 츠쿠이 러

사기를 당했어요.

我受骗了。/ 我上当了。
Wǒ shòupiàn le. / Wǒ shàngdàng le.
워 셔우피엔 러 / 워 샹땅 러

저 사람이 범인이에요.

他是犯人。
Tā shì fànrén.
타 스 판런

제 잘못입니다.

是我的错。
Shì wǒ de cuò.
스 워 더 추어

그것은 고의가 아니었습니다.

那不是故意的。
Nà búshì gùyì de.
나 뿌스 꾸이 더

몰랐습니다.

我当时不知道。
Wǒ dāngshí bù zhīdào.
워 땅스 뿌 즈따오

괜찮으세요?

你没事吗?
Nǐ méishì ma?

니 메이 스 마?

도와드릴까요?

需要我的帮忙吗?
Xūyào wǒ de bàngmáng ma?

쉬야오 워 더 빵망 마?

진정하세요.

镇静点儿。
Zhènjìng diǎnr.

쩐징 디알

걱정하지 마세요.

别担心。
Bié dānxīn.

비에 딴신

안심하세요.

请放心。
Qǐng fàngxīn.

칭 팡신

신고했어요.

报警了。
Bàojǐng le.

빠오징 러

14

귀국

중국어로 귀국은 "歸國"이 아니라 "回國"이라고 해요.
원래 있던 나라로 즉 원위치로 되돌아간다는 뜻이지요.
즐거운 추억으로 가득한 여행이 되셨나요?

BACK

여보세요, KAL이죠?

喂，大韩航空公司吗？
Wéi, Dàhán hángkōng gōngsī ma?

웨이, 따한 항콩 꽁쓰 마?

예약 확인을 하려고요.

我想确认预约情况。
Wǒ xiǎng quèrèn yùyuē qíngkuàng.

워 시앙 취에런 위위에 칭쿠앙

■ 성함과 날짜를 말씀해 주세요.

请问，姓名和日期。
Qǐng wèn, xìngmíng hé rìqī.

칭 원, 싱밍 허 르치

이름은 김미라이고, 12월 25일 출발입니다.

我是金美罗，12月25号出发。
Wǒ shì Jīn Měiluó, shí'èr yuè èr shí wǔ hào chūfā.

워 스 진 메이루어, 스 스얼 위에 얼 스 우 하오 츄파

■ 플라이트 넘버는 어떻게 되시죠?

请问，多少航班号？
Qǐng wèn, duōshao hángbān hào?

칭 원, 뚜어샤오 항빤 하오?

CA702편입니다.

是CA702。
Shì CA qī líng èr.

스 CA 치 링 얼

212

■ 네, 확인됐습니다.

没问题。
Méi wèntí.

메이 원티

12월 25일편을 취소하고 싶은데요.

我想取消12月25号的预约。
Wǒ xiǎng qǔxiāo shí'èr yuè èrshí wǔ hào de yùyué.

워 시앙 취시아오 스얼 위에 얼스 우 하오 더 위위에

■ 며칠로 변경하시겠습니까?

您要改到哪一天?
Nín yào gǎidào nǎ yì tiān?

닌 야오 까이따오 나 이 티엔?

12월 27일로 해 주세요.

我要12月27号。
Wǒ yào shí'èr yuè èrshí qī hào.

워 야오 스얼 위에 얼스 우 하오

가능합니까?

可以吗?
Kěyǐ ma?

커이 마?

귀국

213

저, KAL카운터는 어디에 있어요?

请问, 大韩航空公司服务台在哪儿?
Qǐng wèn, Dàhán hángkōng gōngsī fúwùtái zài nǎr?
칭 원, 따한 항콩 꽁쓰 푸우타이 짜이 날?

탑승 게이트는 어디입니까?

登机口在哪儿?
Dēngjīkǒu zài nǎr?
떵지커우 짜이 날?

여러 가지로 신세를 많이 졌습니다. (신세진 사람에게)

谢谢您周到的服务。
Xièxie nín zhōudào de fúwù.
시에시에 닌 쩌우따오 더 푸우

정말 감사했습니다.

非常感谢您了。
Fēicháng gǎnxiè nín le.
페이챵 깐시에 닌 러

여기요, 계산 부탁합니다. (면세점에서)

请结帐。
Qǐng jiézhàng.
칭 지에쨩

여권을 보여 주십시오.

请出示您的护照。
Qǐng chūshì nín de hùzhào.
칭 츄스 닌 더 후짜오

세관에 걸리지 않을까요?

你看，可以通过海关吗？
Nǐ kàn, kěyǐ tōngguò hǎiguān ma?
니 칸, 커이 통꾸어 하이꾸안 마?

■ 괜찮습니다.

没问题。
Méi wèntí.
메이 원티

여기요, 봉투를 몇 개 주세요.

对不起，请给我几个袋子。
Duì bu qǐ, qǐng gěi wǒ jǐ ge dàizi.
뚜이 부 치, 칭 게이 워 지 거 따이쯔

영수증 주세요.

请给我发票。
Qǐng gěi wǒ fāpiào.
칭 게이 워 파피아오

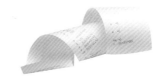

■ 계산은 어떻게 하시겠습니까?

怎么付款？
Zěnme fùkuǎn?
쩐머 푸쿠안?

달러 / 인민폐 / 한국돈으로 하겠습니다.

我要用美元 / 人民币 / 韩元。
Wǒ yào yòng Měiyuán / Rénmínbì / Hányuán.
워 야오 용 메이위엔 / 런민삐 / 한위엔

215

- 한국외교부 영사콜센터, 서울 (82-2)3210-0404

주중 대한민국대사관 (86-10)8532-0404(평일), (86-139)1101-9526(공휴일)

주선양 영사관 (86-24)2385-3388, (긴급)(86-138-0400-6338)

주상하이 영사관 (86-21)6295-5000, (당직)138-1650-9503

주칭다오 영사관 (86-532) 8897-6001, (긴급)186-6026-5087

주광저우 영사관 (86-20)2919-2999, (업무외)139-2247-3457

주중대사관 영사부 위챗 계정 Korea0404

- 수신자부담전화

한국통신	108821
온세통신	100827
데이콤	100828(교환원 연결)
	100826(자동 연결)

- 그 밖의 긴급전화

중국내 장거리 전화	113
전화번호 문의	114
국제전화안내	115
시간 안내	117
범죄신고(공안)	110
화재신고	119
구급센터	120
날씨안내	121
교통사고	122
북경수도공항 24시간 핫라인	(86-10) 96158

부록

분야별 단어

1. 요일 · 때를 나타내는 말

1월	一月	yīyuè	이 위에
2월	二月	èryuè	얼 위에
3월	三月	sānyuè	싼 위에
4월	四月	sìyuè	쓰 위에
5월	五月	wǔyuè	우 위에
6월	六月	liùyuè	리우 위에
7월	七月	qīyuè	치 위에
8월	八月	bāyuè	빠 위에
9월	九月	jiǔyuè	지우 위에
10월	十月	shíyuè	스 위에
11월	十一月	shíyīyuè	스이 위에
12월	十二月	shí'èryuè	스얼 위에
월요일	星期一	xīngqīyī	싱치이
화요일	星期二	xīngqī'èr	싱치얼
수요일	星期三	xīngqīsān	싱치싼
목요일	星期四	xīngqīsì	싱치쓰
금요일	星期五	xīngqīwǔ	싱치우
토요일	星期六	xīngqīliù	싱치리우
일요일	星期天	xīngqītiān	싱치티엔
봄	春天	chūntiān	춘티엔
여름	夏天	xiàtiān	시아티엔
가을	秋天	qiūtiān	치우티엔
겨울	冬天	dōngtiān	똥티엔
그저께	前天	qiántiān	치엔티엔

내일	明天	míngtiān	밍티엔
다음주	下个星期	xiàge xīngqī	시아거 싱치
대략	大概	dàgài	따까이
때때로	有时	yǒushí	여우스
매달	每月	měiyuè	메이위에
매일	每天	měitiān	메이티엔
매주	每星期	měixīngqī	메이싱치
모레	后天	hòutiān	허우티엔
무슨 요일	星期几	xīngqījǐ	싱치지
밤	夜晚	yèwǎn	예완
어제	昨天	zuótiān	쭈어티엔
언제나	总是	zǒngshì	쫑스
오늘	今天	jīntiān	진티엔
오전	上午	shàngwǔ	샹우
오후	下午	xiàwǔ	시아우
이번주	这个星期	zhège xīngqī	쩌거 싱치
일주일	一个星期	yíge xīngqī	이거 싱치
저녁	晚上	wǎnshang	완샹
종종	常常	chángcháng	챵챵
지금	现在	xiànzài	시엔짜이
지난주	上个星期	shàngge xīngqī	샹거 싱치
평일	平日	píngshí	핑스
하루종일	整天	zhěngtiān	쩡티엔
깊은 밤	深夜	shēnyè	션예

2. 방향

남쪽	南方	nánfāng	난팡
대각선	对角线	duìjiǎoxiàn	뚜이지아오시엔
대각선우측	对角线右边	duìjiǎoxiàn yòubiān	
			뚜이지아오시엔 여우비엔
대각선좌측	对角线左边	duìjiǎoxiàn zuǒbiān	
			뚜이지아오시엔 쭈어비엔
동서남북	东南西北	dōngnánxīběi	똥난시베이
동쪽	东边	dōngbiān	똥비엔
뒤쪽	后边	hòubiān	허우비엔
맞은편	对面	duìmiàn	뚜이미엔
반대방향	相反的方向	xiāngfǎn de fāngxiàng	
			시앙판 더 팡시앙
방향	方向	fāngxiàng	팡시앙
부근(근처)	附近	fùjìn	푸진
북쪽	北边	běibiān	뻬이비엔
상하	上下	shàngxià	샹시아
서쪽	西边	xībiān	시비엔
아래쪽	下边	xiàbiān	시아비엔
앞쪽	前边	qiánbiān	치엔비엔
오른쪽	右边	yòubiān	여우비엔
왼쪽	左边	zuǒbiān	쭈어비엔
좌우	左右	zuǒyòu	쭈어여우
시계방향	顺时方向	shùnshí fāngxiàng	순스 팡시앙
시계반대방향	逆时方向	nìshí fāngxiàng	니스 팡시앙

3. 국가명·지명

국가	国家	guójiā	구어지아
대만	台湾	Táiwān	타이완
도쿄	东京	Dōngjīng	똥징
독일	德国	Déguó	떠구어
말레이시아	马来西亚	Mǎláixīyà	마라이시야
멕시코	墨西哥	Mòxīgē	모시꺼
미국	美国	Měiguó	메이구어
베이징	北京	Běijīng	베이징
북한	北朝鲜	Běicháoxiǎn	뻬이챠오시엔
브라질	巴西	Bāxī	빠시
상하이	上海	Shànghǎi	샹하이
서울	首尔	Shǒu'ěr	셔우얼
수도	首都	shǒudū	셔우뚜
싱가폴	新加波	Xīnjiāpō	신지아포
영국	英国	Yīngguó	잉구어
이태리	意大利	Yìdàlì	이따리
일본	日本	Rìběn	르뻔
중국	中国	Zhōngguó	쫑구어
캐나다	加拿大	Jiānádà	지아나따
타이베이	台北	Táiběi	타이뻬이
태국	泰国	Tàiguó	타이구어
프랑스	法国	Fǎguó	파구어
한국	韩国	Hánguó	한국어
홍콩	香港	Xiānggǎng	시앙깡

분야별단어

4. 자주 쓰는 동사

가다	去	qù	취
거절하다	拒绝	jùjúe	쥐쥐에
걱정하다	担心	dānxīn	딴신
끝내다	结束	jiéshù	지에슈
놀다	玩	wán	완
놀라다	吃惊	chījìng	츠징
돌아가다 /오다	回	huí	후이
듣다	听	tīng	팅
들다	拿	ná	나
떠나다	离开	líkāi	리카이
마시다	喝	hē	허
만나다	见面	jiànmiàn	지엔미엔
만들다	做	zuò	쭈어
말하다	说	shuō	슈어
먹다	吃	chī	츠
묻다	问	wèn	원
믿다	相信	xiāngxìn	시앙신
반대하다	反对	fǎnduì	판뚜이
반복하다	反复	fǎnfù	판푸
받다	接受	jiēshòu	지에셔우
발생하다	发生	fāshēng	파셩
보내다	送	sòng	쏭
보다	看	kàn	칸
빌려주다	借	jiè	지에

사다	买	mǎi	마이
생각하다	想	xiǎng	시앙
세우다	建立	jiànlì	지엔리
시작하다	开始	kāishǐ	카이스
쓰다(글)	写	xiě	시에
앉다	坐	zuò	쭈어
알다	知道	zhīdào	즈따오
알리다	告诉	gàosu	까오쑤
얻다	获得	huòdé	후어떠
없다	没有	méiyǒu	메이여우
오다	来	lái	라이
원하다	愿意	yuànyì	위엔이
이해하다	理解	lǐjiě	리지에
일하다	工作	gōngzuò	꽁쭈어
읽다	读	dú	뚜
입다	穿	chuān	츄안
잊어버리다	忘记	wàngjì	왕지
잡다	抓	zhuā	쭈아
조사하다	调查	diàochá	띠아오챠
주다	给	gěi	게이
찾다	找	zhǎo	쟈오
추천하다	推荐	tuījiàn	투이지엔
팔다	卖	mài	마이
필요로 하다	需要	xūyào	쉬야오

분야별단어

223

5. 자주 쓰는 형용사

가늘다	细	xì	시
가볍다	轻	qīng	칭
깨끗하다	干净	gānjìng	깐징
나쁘다	坏	huài	화이
낮다	低	dī	띠
넓다	宽	kuān	쿠안
높다	高	gāo	까오
단단하다	硬	yìng	잉
더럽다	脏	zāng	짱
두껍다	厚	hòu	허우
많다	多	duō	뚜어
무겁다	重	zhòng	쫑
부드럽다	软	ruǎn	루안
비싸다	贵	guì	꾸이
싸다	便宜	piányi	피엔이
아름답다	漂亮	piàoliang	피아오리앙
얇다	薄	báo	빠오
작다	小	xiǎo	시아오
적다	少	shǎo	샤오
좁다	窄	zhǎi	쨔이
좋다	好	hǎo	하오
크다	大	dà	따
밝다	亮	liàng	리앙
어둡다	暗	àn	안

6. 연결하는 말

게다가	而且	érqiě	얼치에
결국	结果	jiéguǒ	지에구어
과연, 역시	果然	guǒrán	구어란
그래?	是吗?	shì ma?	스 마?
그러니까	所以	suǒyǐ	쑤어이
그러면	那么	nàme	나머
그런데	可以	kěyǐ	커이
그렇지	对呀	duìya	뚜이야
그렇지 않을 것 같아	不见得	bújiànde	부 지엔 더
그리고	还有	háiyǒu	하이여우
기껏해야	至多	zhìduō	즈뚜어
내 말은…	我的意思是…	wǒde yìsi shì	워더 이쓰 스
내가 느끼기에	我觉得	wǒ juéde	워 쥐에더
내가 보기에	我看	wǒ kàn	워 칸
내가 생각하기에	我想	wǒ xiǎng	워 시앙
누가 아니래	可不是吗?	kě búshì ma?	커 부스 마?
누가?	谁?	shéi?	쉐이?
무엇을?	什么?	shénme?	션머?
뭐?(놀라움)	什么?	shénme?	션머?
분명히	肯定	kěndìng	컨띵
솔직히 말하자면	说实话	shuō shíhuà	슈어 스후아
실은	其实	qíshí	치스
아마도	可能是	kěnéng shì	커넝 스
아무래도	还是	háishì	하이스

아아!	啊!	a	아
어?	诶?	éi?	에이?
어디서?	在哪儿?	zàinǎr?	짜이날?
어떻게?	怎么?	zěnme?	쩐머?
어쨌든 간에	不管怎么样	bùguǎn zěnmeyàng	뿌꾸안 쩐머양
어쨌든	反正	fǎnzhèng	판쩡
언제?	什么时候?	shénme shíhou?	션머 스허우?
왜?	为什么?	wèishénme?	웨이션머?
왜냐하면	因为	yīnwèi	인웨이
우선	首先	shǒuxiān	셔우시엔
적어도	至少, 起码	zhìshǎo, qǐmǎ	즈샤오, 치마
정말?	真的吗?	zhēnde ma?	쩐더 마?
즉	就是	jiùshì	지우스
하지만	但是, 可是	dànshì, kěshì	딴스, 커스

7. 중국의 공휴일

신정 원단(양1/1)	元旦	Yuándān	위엔딴
설날 춘절(음1/1)	春节	Chūnjié	춘지에
여성의 날(3/8)	妇女节	Fùnǚjié	푸뉘지에
근로자의 날(5/1)	劳动节	Láodòngjié	라오똥지에
청년의 날(5/4)	青年节	Qīngniánjié	칭니엔지에
어린이날(6/1)	儿童节	Értóngjié	얼퉁지에
국인민해방군 건군절(8/1)	建军节	Jiànjūnjié	지엔쥔지에
추석(음8/15)	中秋节	Zhōngqiūjié	쫑치우지에
국경일(10/1)	国庆节	Guóqìngjié	구어칭지에

8. 의복

목폴라	高领衫	gāolǐngshān	까오링샨
미니스커트	迷你裙	mínǐqún	미니췬
바지	裤子	kùzi	쿠쯔
반바지	短裤	duǎnkù	두안쿠
반팔티	短袖衫	duǎnxiùshān	두안시우샨
브래지어	胸罩	xiōngzhào	시옹쨔오
블라우스	紧身女衫	jǐnshēn nüshān	진션 뉘샨
속옷	内衣	nèiyī	네이이
수영복	游泳衣	yóuyǒngyī	여우영이
스웨터	毛衣	máoyī	마오이
스타킹	丝袜	sīwà	쓰와
와이셔츠	衬衫	chènshān	쳔샨
원피스	连衣裙	liányīqún	리엔이췬
조끼	夹克	jiákè	지아커
조끼	背心	bèixīn	뻬이신
청바지	牛仔裤	niúzǎikù	니우짜이쿠
치마	裙子	qúnzi	췬쯔
치파오	旗袍	qípáo	치파오
코트	大衣	dàyī	따이
팬티	内裤	nèikù	네이쿠
트레이닝복	运动服	yùndòngfú	윈똥푸
티셔츠	T恤衫	Txùshān	티쉬샨
한복	韩服	hánfú	한푸
후드티	连帽T恤衫	liánmào Txùshān	리엔마오 티쉬샨

분야별단어

9. 가전제품

가습기	加湿器	jiāshīqì	지아스치
가전	家电	jiādiàn	지아띠엔
건조기(의류)	衣服烘干机	yīfú hōnggānjī	이푸 홍깐지
공기청정기	空气净化器	kōngqì jìnghuàqì	콩치 징후아치
냉장고	冰箱	bīngxiāng	삥시앙
믹서기	榨汁机	zhàzhījī	짜쯔지
블루투스 스피커	蓝牙音响	lányá yīnxiǎng	란야 인시앙
선풍기	电风扇	diànfēngshān	띠엔펑샨
세탁기	洗衣机	xǐyījī	시이지
에어컨	空调	kōngtiáo	콩티아오
오디오	音响	yīnxiǎng	인시앙
전기다리미	电熨斗	diànyùndǒu	띠엔윈떠우
전기밥솥	电饭锅	diànfànguǒ	띠엔판구어
전동안마기	电动按摩器	diàndòng ànmóqì	띠엔똥 안모치
전동칫솔	电动牙刷	diàndòng yáshuā	띠엔똥 야슈아
전자레인지	微波炉	wēibōlú	웨이뽀루
제습기	除湿机	chúshījī	츄스지
청소기	吸尘器	xīchénqì	시쳔치
커피메이커	咖啡机	kāfēijī	카페이지
텔레비전	电视	diànshì	띠엔스
토스트기	烤面包机	kǎomiànbāojī	카오 미엔빠오지
프로젝터	投影仪	tóuyǐngyí	터우잉이
휴대폰	手机	shǒujī	셔우지
헤어드라이어	吹风机	chuīfēngjī	츄이펑지

10. 고기류

닭고기	鸡肉	jīròu	지러우
돼지고기	猪肉	zhūròu	쮸러우
소시지	香肠	xiāngcháng	시앙챵
소고기	牛肉	niúròu	니우러우
양고기	羊肉	yángròu	양러우
햄	火腿	huǒtuǐ	후어투이
계란	鸡蛋	jīdàn	지단

11. 어패류

갈치	带鱼	dàiyú	따이위
게	螃蟹	pángxié	팡시에
고등어	青鱼	qīngyú	칭위
김	紫菜	zǐcài	쯔차이
낙지	章鱼	zhāngyú	쨩위
랍스터	龙虾	lóngxiā	롱시아
멸치	小鱼	xiǎoyú	시아오 위
미역	海带	dàiyú	따이위
민물생선	草鱼	cǎoyú	차오위
새우	虾	xiā	시아
오징어	鱿鱼	yóuyú	여우위
잉어	鲤鱼	lǐyú	리위
장어	鳗鱼	mànyú	만위
조개	贝	bèi	뻬이
참치	金枪鱼	jīnqiāngyú	진치앙위
해산물	海鲜	hǎixiān	하이시엔

분야별단어

12. 야채

가지	茄子	qiézi	치에쯔
감자	土豆	tǔdòu	투떠우
고구마	甘薯	gānshǔ	깐슈
고추	辣椒	làjiāo	라지아오
당근	胡萝卜	húluóbo	후루어보
마늘	蒜	suàn	쑤안
무	萝卜	luóbo	루어보
배추	白菜	báicài	빠이차이
버섯	蘑菇	mógu	모구
부추	韭菜	jiǔcài	지우차이
상추	生菜	shēngcài	셩차이
생강	姜	jiāng	지앙
시금치	菠菜	bōcài	뽀차이
야채	蔬菜	shūcài	슈차이
양파	洋葱	yángcōng	양총
오이	黄瓜	huángguā	후앙구아
죽순	竹笋	zhúsǔn	쮸쑨
청경채	油菜	yóucài	여우차이
콩	豆	dòu	떠우
콩나물	豆芽菜	dòuyácài	떠우야차이
토마토	西红柿	xīhóngshì	시홍스
파	葱	cōng	총
피망	柿子椒	shìzijiāo	스쯔지아오
호박	南瓜	nánguā	난구아

13. 과일

감	柿子	shìzi	스쯔
굴	橘子	júzi	쥐쯔
딸기	草梅	cǎoméi	차오메이
레몬	柠檬	níngméng	닝멍
리즈	荔枝	lìzhī	리즈
망고	芒果	mángguǒ	망구어
메론	香果	xiāngguǒ	시앙구어
바나나	香蕉	xiāngjiāo	시앙지아오
밤	栗子	lìzi	리쯔
배	梨	lí	리
복숭아	桃子	táozi	타오쯔
사과	苹果	píngguǒ	핑구어
수박	西瓜	xīguā	시구아
오렌지	橙子	chéngzi	청쯔
참외	甜瓜	tiánguā	티엔구아
키위	奇异果	qíyìguǒ	치이구어
파인애플	菠萝	bōluó	뽀루어
포도	葡萄	pútao	푸타오

14. 과자

과자	饼干	bǐnggān	삥깐
사탕	糖	táng	탕
아이스크림	冰淇淋	bīngqílín	삥치린
월병	月饼	yuèbǐng	위에삥
펑리수	凤梨酥	fènglísū	펑리수

15. 음료

녹차	绿茶	lǜchá	뤼챠
물	水	shuǐ	슈이
오렌지 주스	橙汁	chéngzhī	쳥즈
우롱차	乌龙茶	wūlóngchá	우롱챠
음료수	饮料	yǐnliào	인랴오
홍차	红茶	hóngchá	홍챠
콜라	可乐	kělè	커러
사이다	雪碧	xuěbì	쉬에삐
자스민차	茉莉花茶	mòlìhuāchá	모리후아챠
커피	咖啡	kāfēi	카페이
끓인물	开水	kāishuǐ	카이슈이
차가운 음료	冷饮	lěngyǐn	렁인
따뜻한 음료	热饮	rèyǐn	러인

16. 술

와인	葡萄酒	pútáojiǔ	푸타오지우
맥주	啤酒	píjiǔ	피지우
생맥주	扎啤	zhāpí	짜피
위스키	威士忌	wēishìjì	웨이스지
브랜디	白兰地	báilándì	빠이란띠
칵테일	鸡尾酒	jīwěijiǔ	지웨이지우
샴페인	香宾酒	xiāngbīnjiǔ	시앙삔지우
베갈(고량주)	白酒	báijiǔ	빠이지우
흑맥주	黑啤酒	hēipíjiǔ	헤이피지우

17. 레스토랑에서

계산	结帐	jiézhàng	지에쨩
계산서	清单	qīngdān	칭딴
나이프	刀子	dāozi	따오쯔
냅킨	餐巾纸	cānjīnzhǐ	찬진쯔
디저트	餐后点心	cānhòu diǎnxīn	찬허우 디엔신
레스토랑	西餐厅	xīcāntīng	시찬팅
만석	客满	kèmǎn	커만
매너	礼貌	lǐmào	리마오
메뉴	菜单	càidān	차이딴
메인요리	主菜	zhǔcài	쥬차이
샐러드	沙拉	shālā	샤라
생선요리	鱼	yú	위
스푼	勺子	sháozi	샤오쯔
스프	汤	tāng	탕
애피타이저	开胃食品	kāiwèi shípǐn	카이웨이 스핀
예약	预约	yùyué	위위에
요리사	厨师	chúshī	츄스
웨이터	男服务员	nán fúwùyuán	난 푸우위엔
웨이트리스	女服务员	nǚ fúwùyuán	뉘 푸우위엔
주문	点菜	diǎncài	디엔차이
카운터	柜台	guìtái	꾸이타이
코스 요리	一道菜	yīdàocài	이따오차이
팁	小费	xiǎofèi	시아오페이
포크	餐叉	cānchā	찬챠

분야별단어

18. 거리·장소

한국어	중국어	병음	발음
건널목	人行横道	rénxíng héngdào	런싱 헝따오
고궁	故宫	Gùgōng	꾸공
골목	胡同	hútóng	후퉁
공원	公园	gōngyuán	꿍위엔
광장	广场	guǎngchǎng	꾸앙챵
교차로	十字路口	shízì lùkǒu	스쯔 루커우
교회	教堂	jiàotáng	지아오탕
내리막길	下坡路	xiàpōlù	시아포루
다리	桥	qiáo	치아오
미술관	美术馆	měishùguǎn	메이슈구안
번화가	繁华道	fánhuádào	판후아따오
빌딩	大楼, 大厦	dàlóu, dàxià	따러우, 따시아
상가	商场	shāngchǎng	샹챵
성당	天主教堂	tiānzhǔ jiàotáng	티엔쥬 지아오탕
아파트	公寓	gōngyù	꿍위
오르막길	上坡路	shàngpōlù	샹포루
육교	天桥	tiānqiáo	티엔치아오
인도	人行道	rénxíngdào	런싱따오
절	寺庙	sīmiào	쓰미아오
주택가	住宅区	zhùzháiqū	쮸쟈이취
지하	地下	dìxià	띠시아
탑	塔	tǎ	타
하천	江河	jiānghé	지앙허
호텔	饭店	fàndiàn	판디엔

19. 여행

한국어	中文	병음	발음
T/C	领队	lǐngduì	링뚜이
가이드	导游	dǎoyóu	따오여우
가이드북	旅游指南	lǚyóu zhǐnán	뤼여우 즈난
관광	旅游	lǚyóu	뤼여우
관광안내소	旅游咨询台	lǚyóu zīxúntái	뤼여우 쯔쉰타이
국내여행	国内旅游	guónèi lǚyóu	구어네이 뤼여우
기념관	纪念馆	jìniànguǎn	지니엔구안
면세점	免税店	miǎnshuìdiàn	미엔슈이띠엔
명승지	名胜古迹	míngshènggǔjì	밍성꾸지
박물관	博物馆	bówùguǎn	뽀우구안
배낭	背包	bèibāo	뻬이빠오
배낭여행	自助旅游	zìzhù lǚyóu	쯔쮸 뤼여우
선물	礼物	lǐwù	리우
슈트케이스	旅行包	lǚxíngbāo	뤼싱빠오
시차	时差	shíchā	스챠
여비	旅费	lǚfèi	뤼페이
여행사	旅行社	lǚxíngshè	뤼싱셔
여행자	游客	yóukè	여우커
왕복	往返	wǎngfǎn	왕판
일정	日程	rìchéng	르청
입국	入境	rùjìng	루징
지도	地图	dìtú	띠투
출국	出境, 出国	chūjìng, chūguó	츄징, 츄구어
해외여행	海外旅游	hǎiwài lǚyóu	하이와이 뤼여우

분야별단어

235

20. 기차·전철

개찰구	检票处	jiǎnpiàochù	지엔피아오 츄
고속열차	高铁	gāotiě	까오티에
급행열차	快车	kuàichē	콰이쳐
기차	火车	huǒchē	후어쳐
대합실	候车室	hòuchēshì	허우쳐스
막차	末班车	mòbānchē	모빤쳐
매점	小卖部	xiǎomàibù	시아오마이뿌
매표소	售票处	shòupiàochù	셔우피아오 츄
목적지	目的地	mùdìdì	무띠띠
분실물센터	失物招领中心	shīwù zhāolǐng zhōngxīn	
		스우 쨔오링 쫑신	
식당차	餐车	cānchē	찬쳐
역	站	zhàn	짠
왕복표	往返票	wǎngfǎn piào	왕판 피아오
종착역	终站	zhōngzhàn	쫑짠
지하철	地铁	dìtiě	띠티에
차표	车票	chēpiào	쳐피아오
첫차	头班车	tóubānchē	터우빤쳐
출발역	起点	qǐdiǎn	치디엔
침대차	卧车	wòchē	워쳐
특급열차	特快	tèkuài	터콰이
편도	单程	dānchéng	딴청
플랫폼	月台, 站台	yuètái, zhàntái	위에타이, 짠타이
환승	换乘	huànchéng	후안청

21. 스포츠

결승	决赛	juésài	쮜에싸이
골프	高尔夫球	gāo'ěrfūqiú	까오얼푸치우
농구	篮球	lánqiú	란치우
무승부	打平球	dǎpíngqiú	따핑치우
배구	排球	páiqiú	파이치우
배드민턴	羽毛球	yǔmáoqiú	위마오치우
수영	游泳	yóuyǒng	여우용
스케이트	滑冰	huábīng	후아삥
스키	滑雪	huáxuě	후아쉬에
스포츠	体育运动	tǐyù yùndòng	티위 윈똥
아마추어	业余选手	yèyú xuǎnshǒu	예위 쉬엔셔우
아시안게임	亚运会	Yàyùnhuì	야윈후이
야구	棒球	bàngqiú	빵치우
올림픽	奥林匹克	Āolínpǐkè	아오 린피커
운동하다	做运动	zuò yùndòng	쭈어 윈똥
월드컵	世界杯	Shìjièbēi	스지에뻬이
응원하다	加油	jiāyóu	지아여우
이기다	赢	yíng	잉
준결승	半决赛	bànjuésài	빤쮜에싸이
지다	输	shū	슈
축구	足球	zúqiú	쭈치우
탁구	乒乓球	pīngpāngqiú	핑팡치우
테니	网球	wǎngqiú	왕치우
프로선수	专业选手	zhuānyè xuǎngshǒu	쮸안예 쉬엔셔우

22. 영화 · 연극 · 공연

감독	导演	dǎoyǎn	따오옌
관중	观众	guānzhòng	꾸안쫑
극장	剧场	jùchǎng	쥐챵
남자배우	男演员	nán yǎnyuán	난 옌위엔
더빙	配音	pèiyīn	페이인
매진	客满	kèmǎn	커만
무대	舞台	wǔtái	우타이
박스오피스	票房	piàofáng	피아오팡
발레	芭蕾舞	bālěiwǔ	빠레이우
배우	演员	yǎnyuán	옌위엔
비극	悲剧	bēijù	뻬이쥐
아카데미상	奥斯卡金像奖	Àosīkǎ jīnxiàngjiǎng	아오쓰카진시앙지앙
애니메이션	动画片	dònghuàpiàn	똥후아피엔
여배우	女演员	nǚyǎnyuán	뉘 옌위엔
연극	戏剧	xìjù	시쥐
연기	演技	yǎnjì	옌지
영화관	电影院	diànyǐngyuán	띠엔잉위엔
영화제	影展, 电影节	yǐngzhǎn, diànyǐngjié	잉쨘, 띠엔잉지에
주인공	主人公	zhǔréngōng	쮸런꽁
콘서트	演唱会	yǎnchànghuì	옌챵후이
특수효과	电脑特技	diànnǎo tèjì	띠엔나오 터지
헐리우드	好莱坞	hǎoláiwū	하오라이우
흥행작	大片	dàpiàn	따피엔
희극	喜剧	xǐjù	시쥐

계약기간	合同期间	hétong qījiān	허통 치지엔
교정	校对	jiàoduì	지아오뚜이
레이아웃	页面布局, 版面	yèmiàn bùjú, bǎnmiàn	예미엔 뿌쥐, 빤미엔
발행부수	印数	yìnshù	인슈
북커버	封面	fēngmiàn	펑미엔
삽화	插图	chātú	챠투
선불금	预付金额	yùfù jīn'é	위푸 진어
에이전시	代理商	dàilǐshāng	따이리샹
원고	稿子	gǎozi	까오쯔
인세	版税	bǎnshuì	빤슈이
인쇄	印刷	yìnshuā	인슈아
일러스트	图画	túhuà	투후아
재판	再版	zàibǎn	짜이빤
저자	作者	zuòzhě	쭈어쪄
저작권	著作权	zhūzuòquán	쮸쭈어취엔
정산	付清	fùqīng	푸칭
중쇄	重印	chóngyìn	총인
초고	草稿	cǎogǎo	차오까오
초판발행	第一版发行	dìyībǎn fāxíng	띠이빤 파싱
출판	出版	chūbǎn	츄빤
출판사	出版社	chūbǎnshè	츄빤셔
텍스트 파일	text 文件	text wénjiàn	텍스트 원지엔
판권	版权	bǎnquán	빤취엔
판권계약	版权合同	bǎnquán hétong	빤취엔 허통

분야별단어

24. 학교

유치원	幼儿园	yòu'éryuán	여우얼위엔
초등학교	小学	xiǎoxué	시아오 쉬에
중학교	初中	chūzhōng	츄퉁
고등학교	高中	gāozhōng	까오퉁
종합대학	大学	dàxué	따쉬에
전문대학	专效	zhuānxiào	쮸안시아오
공립대학	国立大学	guólì dàxué	구어리 따쉬에
사립대학	私立大学	sīlì dàxué	쓰리 따쉬에
대학원	研究生院	yánjiūshēngyuàn	옌지우성위엔
대입고사	高考	gāokǎo	까오카오
선생님	老师	lǎoshī	라오스
선택과목	选修课	xuǎnxiūkè	쉬엔시우커
유학생	留学生	liúxuéshēng	리우 쉬에셩
입시학원, 학원	补习班	bǔxiúbān	뿌시빤
입학시험	入学考试	rùxué kǎoshì	루쉬에 카오스
입학식	入学典礼	rùxué diǎnlǐ	루쉬에 디엔리
장학금	奖学金	jiǎngxuéjīn	지앙 쉬에진
전공	专业	zhuānyè	쮸안예
졸업식	毕业典礼	bìyè diǎnlǐ	삐예 디엔리
필수과목	必修课	bìxiūkè	삐시우커
학기	学期	xuéqī	쉬에치
학비	学费	xuéfèi	쉬에페이
학생	学生	xuésheng	쉬에셩
학점	学分	xuéfēn	쉬에펀

25. 학과 · 학문

건축학	建筑学	jiànzhùxué	지엔쮸 쉬에
경제학	经济学	jīngjìxué	징지 쉬에
고고학	考古学	kǎogǔxué	카우꾸 쉬에
공학	工程学	gōngchéngxué	꿍청 쉬에
교육학	教育学	jiàoyùxué	지아오 위쉬에
국어	国文	guówén	꾸어원
물리	物理	wùlǐ	우리
법학	法学	fǎxué	파쉬에
사회학	社会学	shèhuìxué	셔후이 쉬에
생물학	生物学	shēngwùxué	셩우 쉬에
수학	数学	shùxué	슈 쉬에
심리학	心理学	xīnlǐxué	신리 쉬에
언어학	语言学	yǔyánxué	위엔쉬에
역사학	历史学	lìshǐxué	리스 쉬에
우주과학	宇宙科学	yǔzhòukēxué	위쩌우 커쉬에
인류학	人类学	rénlèixué	런레이 쉬에
인문과학	人文科学	rénwénkēxué	런원커 쉬에
정치학	政治学	zhèngzhìxué	쩡쯔 쉬에
지리학	地理学	dìlǐxué	띠리 쉬에
천문학	天文学	tiānwénxué	티엔원 쉬에
철학	哲学	zhéxué	쩌쉬에
체육	体育	tǐyù	티위
컴퓨터 공학	计算机科学	jìsuànjī kēxué	지쑤안지 커쉬에
화학	化学	huàxué	후아쉬에

분야별단어

241

26. 문구

가위	剪刀	jiǎndāo	지엔따오
고체풀	胶棒	jiāobàng	지아오빵
노트	本子	běnzi	뻔쯔
만년필	钢笔	gāngbǐ	깡삐
메모지	纸条	zhǐtiáo	즈티아오
바인더	文件夹	wénjiànjiā	원지엔지아
볼펜	圆珠笔	yuánzhūbǐ	위엔쮸삐
사인펜	签字笔	qiānzìbǐ	치엔쯔삐
색연필	菜笔	cǎibǐ	차이삐
샤프	活心铅笔	húoxīn qiānbǐ	후어신 치엔삐
샤프심	笔芯	bǐxìn	삐신
수정액(테이프)	涂改液	túgǎiyè	투까이예
스카치 테이프	胶带	jiāodài	지아오따이
스테이플러	钉书机	dìngshūjī	띵슈지
압정	图钉	túdīng	투띵
연필	铅笔	qiānbǐ	치엔삐
자	尺子	chǐzi	츠쯔
전자계산기	电子计算器	diànzi jìsuànqì	띠엔쯔 지쑤안치
지우개	橡皮	xiàngpí	시앙피
클립	曲别镇	qǔbiézhēn	취비에쩐
포스트잇	百事贴	bǎishìtiē	빠이스티에
풀	胶水	jiāoshuǐ	지아오슈이
필통	笔筒	bǐtǒng	삐통
형광펜	荧光笔	yíngguāngbǐ	잉꾸앙삐

27. 컴퓨터 · 사무기기 · 스마트기기

노트북 컴퓨터	笔记本电脑	bǐjìběn diànnǎo	삐지뻔 띠엔나오
마우스	鼠标	shǔbiāo	슈삐아오
모니터	显示器	xiǎnshìqì	시엔스치
백신 프로그램	杀毒文件	shādú wénjiàn	샤뚜 원지엔
복사기	复印机	fùyìnjī	푸인지
부팅하다	启动	qǐdòng	치똥
로그인	登录	dēnglù	떵루
로그아웃	登出	dēngchū	떵추
소프트웨어	软件	ruǎnjiàn	루안지엔
스캐너	扫描器	sǎomiáoqì	싸오 미아오치
어플리케이션	应用程序	yìngyòng chéngxù	잉용 쳥쉬
이메일	电子邮件	diànzi yóujiàn	띠엔쯔 여우지엔
인터넷	因特网	yīntèwǎng	인터왕
입력	输入	shūrù	슈루
저장하다	存储	cúnchǔ	춘츄
출력	输出	shūchū	슈츄
컴퓨터 바이러스	电脑病毒	diànnǎo bìngdú	띠엔나오 삥뚜
키보드	键盘	jiànpán	지엔판
파일	文件	wénjiàn	원지엔
패스워드	密码	mìmǎ	미마
프로그램	程序	chéngxù	쳥쉬
프린터	打印机	dǎyìjī	따인지
하드웨어	硬件	yìngjiàn	잉지엔
홈페이지	主页, 首页	zhǔyè, shǒuyè	쮸예, 셔우예

분야별단어

28. 직종

간호사	护士	hùshi	후스
감독, 연출가	导演	dǎoyǎn	따오옌
경찰	警察	jǐngchá	징챠
공무원	公务员	gōngwùyuán	꽁우위엔
교수	教授	jiàoshòu	지아오셔우
농부	农民	nóngmín	농민
목수	木匠	mùjiang	무지앙
변호사	律师	lǜshī	뤼스
비행사	飞行员	fēixíngyuán	페이싱위엔
어부	鱼民	yúmín	위민
엔지니어	工程师	gōngchéngshī	꽁청스
연기자	演员	yǎnyuán	옌위엔
요리사	厨师	chúshī	츄스
운전사	司机	sījī	쓰지
음악가	音乐家	yīnyuèjiā	인위에지아
의사	医生	yīshēng	이셩
자영업	个体户	gètǐhù	꺼티후
작가	作家	zuòjiā	쭈어지아
점원	服务员	fúwùyuán	푸우위엔
정치가	政治家	zhèngzhìjiā	쩡쯔지아
통번역사	翻译人员	fānyī rényuán	판이 런위엔
프로그래머	编程员	biānchéngyuán	삐엔청 위엔
화가	画家	huàjiā	후아지아
회사원	公司职员	gōngsī zhíyuán	꽁쓰 즈위엔

29. 직무 · 직함

간부, 상사	领导	lǐngdǎo	링따오
고문	顾问	gùwèn	꾸원
과장	科长	kēzhǎng	커쟝
관계자	有关人士	yǒuguān rénshì	여우꾸안 런스
국장	局长	jùzhǎng	쥐쟝
담당자	负责人	fùzérén	푸쩌런
부사장	副总经理	fùzǒngjīnglǐ	푸쫑징리
부장	部长	bùzhǎng	뿌쟝
블루칼라	蓝领	lánlǐng	란링
사원	职员	zhíyuán	즈 위엔
사장	总经理	zǒngjīnglǐ	쫑징리
세일즈맨	推销员	tuīxiāoyuán	투이시아오위엔
신입직원	新手	xīnshǒu	신셔우
아르바이트	临时工	línshígōng	린스꽁
이사	董事	dǒngshì	똥스
이사장	董事长	dǒngshìzhǎng	똥스쟝
주임	主任	zhǔrèn	쥬런
지배인, 매니저	经理	jīnglǐ	징리
직위	工作岗位	gōngzuò gǎngwèi	꽁쭈어 깡웨이
처장	处长	chǔzhǎng	츄쟝
팀장	组长	zǔzhǎng	쭈쟝
파트타임 아르바이트	钟点工	zhōngdiǎngōng	쫑디엔꽁
화이트칼라	白领	báilǐng	빠이링
회계, 경리	会计	kuàijì	콰이지

30. 신문·방송

TV	电视	diànshì	띠엔스
기사(소식)	消息	xiāoxi	시아오시
기자	记者	jìzhě	지쩌
기자회견	记者招待会	jìzhě zhāodàihuì	지쩌 쨔오따이후이
뉴스	新闻	xīnwén	신원
리포터	通讯员	tōngxùnyuán	통쉰위엔
매스컴	媒体	méitǐ	메이티
방송	播送	bōsòng	뽀쏭
방송국	广播电台	guǎngbō diàntái	꽝뽀 띠엔타이
보도	报道	bàodào	빠오따오
사건	案件	ànjiàn	안지엔
생방송	现场直播	xiànchǎng zhíbō	시엔챵 즈뽀
스캔들	丑闻	chǒuwén	쳐우원
시청률	收视率	shōushìlǜ	셔우스뤼
신문	报纸	bàozhǐ	빠오즈
아나운서, 앵커	广播员	guǎngbōyuán	꽝뽀위엔
인터뷰	采访	cǎifǎng	차이팡
잡지	杂志	zázhì	짜즈
중계방송	转播	zhuǎnbō	쭈안뽀
채널	频道	píndào	핀따오
특파원	特派记者	tèpài jìzhě	터파이 지쩌
편집인	编辑	biānjí	삐엔지
프로그램	节目	jiémù	지에무

거래	交易	jiāoyì	지아오이
견적	估价	gūjià	꾸지아
경기	景气	jǐngqì	징치
경제	经济	jīngjì	징지
경제원조	经济援助	jīngjì yuánzhù	징지 위엔쮸
계약	契约	qìyuē	치위에
공급	供给	gōngjǐ	꽁지
금융	金融	jīnróng	진룽
기업	企业	qǐyè	치예
납부기한	交纳期限	jiāonà qīxiàn	지아오나 치시엔
디플레이션	通货紧缩	tōnghuò jǐnsuǒ	통후어 진쑤어
무역	贸易	màoyì	마오이
물가	物价	wùjià	우지아
불황	经济不景气	jīngjì bùjǐngqì	징지 뿌징치
생산	生产	shēngchǎn	셩챤
손실	损失	sǔnshī	쑨스
수요	需求	xūqiú	쉬치우
수입	进口	jìnkǒu	진커우
수출	出口	chūkǒu	츄커우
이익	利润	lìrùn	리룬
이자	利息	lìxī	리시
인플레이션	通货膨胀	tōnghuò péngzhàng	통후어 펑쨩
적자	赤子, 贸易逆差	chìzì, màoyì nìchā	츠쯔, 마오이 니챠
흑자	黑字, 贸易逆差	hēizì, màoyì shùnchā	헤이쯔, 마오이 슌챠

32. 신체

가슴	胸部	xiōngbù	시옹뿌
귀	耳朵	ěrduo	얼뚜어
눈	眼睛	yǎnjing	옌징
눈썹	眉毛	méimao	메이마오
다리	腿	tuǐ	투이
머리	头	tóu	터우
목	脖子	bózi	뽀쯔
무릎	膝盖	xīgài	시까이
발	脚	jiǎo	지아오
배	肚子	dùzi	뚜쯔
뼈	骨头	gǔtóu	구터우
손	手	shǒu	셔우
심장	心脏	xīnzāng	신짱
어깨	肩膀	jiānbǎng	지엔빵
얼굴	脸	liǎn	리엔
엉덩이	屁股	pígu	피구
위	胃	wèi	웨이
이	牙	yá	야
입	嘴	zuǐ	쭈이
입술	嘴巴	zuǐba	쭈이바
장	肠	cháng	챵
코	鼻子	bízi	삐쯔
피부	皮肤	pífū	피푸
허리	腰	yāo	야오

가루약	面儿药	miànryào	미알야오
감기약	感冒药	gǎnmàoyào	깐마오야오
고약	膏药	gāoyào	까오야오
기침약	止咳药	zhǐkéyào	즈커야오
두통약	头痛药	tóutòngyào	터우통야오
머큐로크롬	红水药	hóngshuǐyào	홍슈이야오
멀미약	晕车药	yùnchēyào	윈처야오
모기기피제	蚊子忌避剂	wénzi jìbìjì	윈쯔 지삐지
붕대	绷带	bēngdài	뻥따이
소화제	消化剂	xiāohuàjì	시아오 후아지
식전	饭前	fànqián	판치엔
식후	饭后	fànhòu	판허우
안약	眼药	yǎnyào	옌야오
알약	丸药	wányào	완야오
약국	药局	yàojú	야오 쥐
연고	软膏	ruǎngāo	루안까오
위장약	胃药	wèiyào	웨이야오
지사제	止泻剂	zhǐxièjì	즈 씨에야오
진통제	止通剂	zhǐtòngjì	즈통찌
처방전	处方	chǔfāng	츄팡
콘돔	安全套	ānquántào	안 취엔타오
피임약	避孕药	bìyùnyào	삐윈야오
항생제	抗生素	kàngshēngsù	캉성쑤
해열제	解热剂	jiěrèjì	지에러지

분야별단어

34. 사고

가해자	肇事者	zhàoshìzhě	쨔오스쪄
강도	强盗	qiángdào	치앙따오
경찰	警察	jǐngchá	징챠
교통사고	交通事故	jiāotōng shìgù	지아오통 스꾸
다치다	受伤	shòushāng	셔우샹
도둑	小偷	xiǎotōu	시아오터우
도망가다	逃跑	táopǎo	타오파오
범인	犯人	fànrén	판런
변태	变态	biàntài	삐엔타이
보험	保险	bǎoxiǎn	빠오시엔
분실	丢失	diūshī	띠우스
사기	欺诈	qīzhà	치쨔
소매치기	扒手	páshǒu	파셔우
속다	受骗, 上当	shòupiàn, shàngdàng	셔우피엔, 샹땅
신고하다	报警, 申报	bàojǐng, shēnbào	빠오징, 션빠오
안전	安全	ānquán	안취엔
유괴	绑架	bǎngjià	빵지아
인질	人质	rénzhì	런쯔
지갑	钱包	qiánbāo	치엔빠오
지문	指纹	zhǐwén	즈원
체포	逮捕	dàibǔ	따이뿌
피해자	受害人	shòuhàirén	셔우하이런
화재	火灾	huǒzāi	후어짜이
훔치다	偷	tōu	터우

현지에서 바로 통하는

여행중국어회화

개정2판2쇄 / 2024년 10월 25일

발행인 / 이기선

발행처 / 제이플러스

교정협력 / 김유경

주소 / 경기도 고양시 덕양구 향동로 217 KA1312

영업부 / 02-332-8320   편집부 / 02-3142-2520

홈페이지 / www.jplus114.com

등록번호 / 제 10-1680호

등록일자 / 1998년 12월 9일

ISBN / 979-11-5601-254-2